VIRGINIA WOOLF

EIN ZIMMER FÜR SICH ALLEIN

Aus dem Englischen und mit einem Nachwort von Antje Rávik Strubel

K A M P A

Das englische Original erschien 1929 unter dem Titel *A Room of One's Own* im Verlag The Hogarth Press, London.

KAMPA POCKET
DIE ERSTE KLIMANEUTRALE TASCHENBUCHREIHE
Gedruckt auf säurefreiem und chlorfrei gebleichtem Papier zur Unterstützung verantwortungsvoller Waldnutzung, zertifiziert durch das Forest Stewardship Council. Der Umschlag enthält kein Plastik. Kampa Pockets werden klimaneutral gedruckt, kampaverlag.ch/nachhaltig informiert über das unterstützte CO_2-Kompensationsprojekt.

Veröffentlicht im Mai 2026 als Kampa Pocket
Lektorat: Ulrike Ostermeyer, Berlin

Hegibachstrasse 2, CH-8032 Zürich
info@kampaverlag.ch
GPSR-Kontakt: Schöffling & Co. Verlagsbuchhandlung GmbH, Kaiserstraße 79, D-60329 Frankfurt am Main
info@schoeffling.de

Covergestaltung: Herr K | Jan Kermes, Leipzig
Covermotiv: *Femme Fists* © Deva Pardue, For All Womankind 2016
Satz: Tristan Walkhoefer, Leipzig
Gesetzt aus der Stempel Garamond LT / 10. Auflage 2026
Druck und Bindung: GGP Media GmbH, Pößneck
Auch als E-Book erhältlich
ISBN 978 3 311 15008 4

www.kampaverlag.ch

Kapitel 1[*]

Aber, werden Sie sagen, wir haben Sie gebeten, über Frauen und Literatur zu sprechen – was hat das mit einem Zimmer zu tun, das man für sich allein hat? Ich werde versuchen, es zu erklären. Als Sie mich baten, über Frauen und Literatur zu sprechen, setzte ich mich ans Ufer eines Flusses und begann zu überlegen, was diese Worte bedeuten könnten. Sie könnten bedeuten, einfach ein paar Bemerkungen über Fanny Burney zu machen; einige weitere über Jane Austen; die Brontës zu würdigen und das schneebedeckte Pfarrhaus von Haworth zu skizzieren; etwas möglichst Witziges über Miss Mitford zu sagen; respektvoll auf George Eliot anzuspielen; auf Mrs Gaskell hinzuweisen, und man wäre fertig.[1] Aber auf den zweiten Blick schienen die Worte nicht mehr so einfach zu sein. Der Titel Frauen und Literatur könnte bedeuten, und so könnten Sie ihn gemeint haben, Frauen und wie sie sind; oder er könnte bedeuten, Frauen und die Literatur, die sie schreiben; oder er könnte Frauen und die Literatur, die über sie ge-

* Dieser Essay basiert auf zwei Vorträgen, die in der Arts Society am Newnham College und im Odtaa am Girton College im Oktober 1928 gehalten wurden. Die Vorträge waren zu lang, um vollständig vorgetragen zu werden, und wurden seitdem verändert und erweitert.

schrieben wird, bedeuten, oder er könnte bedeuten, dass alle drei irgendwie unauflösbar miteinander vermischt sind und dass Sie von mir erwarten, sie in diesem Licht zu betrachten. Als ich aber in letztgenannter Weise über das Thema nachzudenken begann, weil sie mir die interessanteste zu sein schien, begriff ich schnell, dass sie einen schwerwiegenden Nachteil hatte. Ich wäre nie in der Lage, zu einem Schluss zu kommen. Ich wäre nie in der Lage, die aus meiner Sicht wichtigste Aufgabe einer Rednerin zu erfüllen – Ihnen nach einem einstündigen Vortrag ein Körnchen reiner Wahrheit zu überreichen, das Sie zwischen die Seiten Ihrer Notizbücher stecken und für immer auf den Kaminsims legen können. Ich kann Ihnen nur eine Meinung zu einer Nebensache anbieten – eine Frau braucht Geld und ein eigenes Zimmer, um schreiben zu können; und das lässt, wie Sie sehen werden, das große Problem der wahren Natur der Frau und der wahren Natur der Literatur ungelöst. Ich habe mich vor der Aufgabe, in diesen beiden Fragen zu einem Schluss zu kommen, gedrückt – Frauen und Literatur bleiben, was mich betrifft, ungelöste Probleme. Aber um das ein wenig auszugleichen, werde ich tun, was ich kann, um Ihnen zu zeigen, wie ich zu dieser Meinung über das Zimmer und das Geld kam. Ich werde in Ihrem Beisein meinen Gedankengang, der zu dieser Ansicht führte, so vollständig und frei entfalten wie möglich. Wenn ich die Vorstellungen und die Vorurteile bloßlege, die dieser Aussage zugrunde liegen, werden Sie eventuell feststellen, dass sie eine gewisse Auswirkung auf Frauen und eine gewisse Auswirkung auf die

Literatur haben. Keinesfalls aber kann man darauf hoffen, die Wahrheit zu sagen, wenn ein Thema höchst umstritten ist – und das ist jede Frage zum Geschlecht. Man kann nur zeigen, wie man zu seiner Meinung kam, wie auch immer sie ausfällt. Man kann seinen Zuhörerinnen nur die Möglichkeit geben, eigene Schlüsse zu ziehen, während sie die Grenzen, die Vorurteile und Idiosynkrasien der Rednerin im Blick haben. Hier enthält die Fiktion wahrscheinlich mehr Wahrheit als die Fakten. Deshalb schlage ich vor, Ihnen unter Ausnutzung aller Freiheiten und Rechte einer Romanschriftstellerin die Geschichte der zwei Tage zu erzählen, die meiner Ankunft hier vorausgingen – wie ich, niedergebeugt vom Gewicht des Themas, das Sie mir aufgeladen haben, darüber nachsann und es meinen Alltag durchdringen ließ. Ich brauche nicht zu sagen, dass das, was ich beschreiben werde, nicht existiert; Oxbridge ist eine Erfindung, genau wie Fernham; *ich* ist nur ein brauchbares Wort für jemanden, den es nicht wirklich gibt. Lügen werden über meine Lippen fließen, aber vielleicht hat sich ein bisschen Wahrheit daruntergemischt; es liegt an Ihnen, diese Wahrheit ausfindig zu machen und zu entscheiden, ob irgendetwas daran bewahrenswert ist. Wenn nicht, werden Sie das Ganze selbstverständlich in den Papierkorb werfen und völlig vergessen.

So also saß ich (nennen Sie mich Mary Beton, Mary Seton, Mary Carmichael oder wie immer es Ihnen gefällt – das ist nicht von Bedeutung) vor ein oder zwei Wochen bei schönem Oktoberwetter gedankenversunken am Ufer eines Flusses. Das Joch, von dem ich sprach, Frauen und Literatur, das Bedürfnis, bei einem Thema, das alle möglichen Vorurteile und Leidenschaften aufruft, zu einem Schluss zu kommen, drückten mich nieder. Rechts und links irgendwelche Büsche, golden und purpurn, die Farbe ließ sie glühen, schienen sogar verbrannt in der Hitze, vom Feuer. Weiter unten am Ufer weinten die Weiden mit unaufhörlichem Gejammer, ihr Haar um die Schultern. Der Fluss spiegelte, was immer er von Himmel, Brücke und brennendem Baum auswählte, und als der Student sein Boot durch die Spiegelungen gerudert hatte, fügten sie sich wieder zusammen, so vollständig, als hätte es ihn nie gegeben. Dort hätte man rund um die Uhr so in Gedanken versunken sitzen können. Die Gedanken – um einen stolzeren Namen zu verwenden, als sie es verdienten – hatten ihre Angelschnur in den Strom hinuntergelassen. Sie schaukelte Minute um Minute zwischen den Spiegelungen und den Wasserpflanzen hin und her, ließ sich vom Wasser heben und senken, bis – Sie kennen das kleine Zupfen – plötzlich die Verdichtung einer Idee am Ende der Schnur: und dann das vorsichtige Einholen und sorgsame Auslegen? Ach, wie klein, wie unbedeutend mein Gedanke im Gras liegend aussah; die Sorte Fisch, die ein guter Angler zurück ins Wasser setzt, damit er fetter werden kann und es sich eines Tages lohnt, ihn zu kochen und zu essen. Ich werde Sie jetzt nicht mit diesem Gedanken belästigen, aber bei aufmerksamem Hinschauen könnten Sie im Laufe dessen, was ich sagen werde, selbst darauf stoßen.

Wie klein er auch war, besaß er doch die geheimnisvolle Eigenschaft, die dieser Sorte zu eigen ist – zurück in den Kopf gesetzt, wurde er sofort sehr aufregend und wichtig; und als er losschoss und abtauchte und hierhin und dorthin flitzte, löste er einen solchen Wirbel und Tumult an Ideen aus, dass es unmöglich war, stillzusitzen. So kam es, dass ich mich dabei ertappte, wie ich äußerst schnell über eine Grasfläche ging. Augenblicklich tauchte die Gestalt eines Mannes auf, um mich aufzuhalten. Zuerst verstand ich gar nicht, dass das Gestikulieren eines eigentümlich aussehenden Gebildes in Gehrock und Frackhemd mir galt. Sein Gesicht drückte Entsetzen und Empörung aus. Instinkt, eher als Vernunft, kam mir zu Hilfe; er war ein Pedell, ich war eine Frau. Hier war der Rasen, dort war der Weg. Hier sind nur die Fellows und Gelehrten zugelassen, mein Platz ist der Kies. Solche Gedanken entstehen im Augenblick. Als ich den Pfad wieder erreichte, ließ der Pedell die Arme sinken, in sein Gesicht kehrte die übliche Ruhe zurück, und obwohl es sich auf Rasen besser geht als auf Kies, war kein besonders großer Schaden entstanden. Das Einzige, was ich den welchem College auch immer angehörenden Fellows und Gelehrten vorzuwerfen hatte, war, dass sie zum Schutz ihres seit dreihundert Jahren unablässig gewalzten Rasens meinen kleinen Fisch vertrieben hatten.

An die Idee, die mich zu so kühner Übertretung veranlasst hatte, konnte ich mich jetzt nicht mehr erinnern. Der Geist des Friedens sank wie eine Wolke vom Himmel herab, denn wenn der Geist des Friedens irgendwo haust, dann in den Gebäuden und Innenhöfen von Oxbridge an einem schönen Oktobermorgen. Beim Schlendern zwischen jenen Colleges, vorbei an diesen uralten Hallen, schien die Rauheit der Gegenwart geglättet; der Körper schien in eine wundersame Glasvitrine eingeschlossen, die kein Laut durchdringen konnte, und der Geist, ohne jede Berührung mit der Wirklichkeit (es sei denn, man betrat noch einmal den Rasen), war frei, sich jeglicher Betrachtung hinzugeben, die mit dem Augenblick im Einklang stand. Wie der Zufall es wollte, brachte mir eine abseitige Erinnerung an einen alten Essay über ein Wiedersehen mit Oxbridge in den großen Ferien Charles Lamb in den Sinn – Saint Charles, sagte Thackeray und hielt sich einen Brief von Lamb an die Stirn. Tatsächlich, unter all den Toten (ich gebe Ihnen meine Gedanken so wieder, wie sie mir kamen) ist Lamb einer der angenehmsten; einer, den man gern gefragt hätte: Sagen Sie, wie haben Sie eigentlich Ihre Essays geschrieben? Denn seine Essays sind sogar denen von Max Beerbohm mit all ihrer Perfektion überlegen, dachte ich, weil es mittendrin dieses wilde Aufleuchten der Fantasie, das blitzartige Aufzucken der Genialität gibt, das sie mangelhaft und unvollkommen macht, aber mit funkelnder Poesie übersät.[2] Lamb kam also vor vielleicht hundert Jahren nach Oxbridge. Jedenfalls schrieb er einen Essay – der Titel ist mir entfallen – über die Handschrift eines Gedichts von Milton, die er hier fand. Vielleicht war es *Lycidas*, und Lamb schrieb, wie sehr ihn der Gedanke schockierte, irgendein Wort in *Lycidas* könnte zuvor anders gelautet haben als jetzt. Sich vorzustellen, Milton könnte Wörter in diesem Gedicht geändert haben, erschien ihm wie ein Sakrileg. Da erinnerte ich mich an das, was ich noch von *Lycidas* wusste, und stellte zu meinem eigenen Vergnügen Mutmaßungen darüber an, welches Wort Milton geändert haben könnte und warum. Dann fiel mir ein, dass genau dieselbe Handschrift, die Lamb sich angeschaut hatte, nur wenige Meter entfernt zu finden war, sodass man in Lambs Fußstapfen über den Innenhof zu jener berühmten Bibliothek hinübergehen konnte, in der der Schatz aufbewahrt wird. Außerdem, erinnerte ich mich, während ich den Plan in die Tat umsetzte, wird in dieser berühmten Bibliothek auch die Handschrift von Thackerays *Esmond* aufbewahrt. *Esmond*, behaupten die Kritiker oft, sei Thackerays vollkommenster Roman. Aber der affektierte Stil, der das achtzehnte Jahrhundert nachahmt, stört, soweit ich mich erinnere, es sei denn, der Stil des achtzehnten Jahrhunderts wäre der Thackeray gemäße – etwas, was sich überprüfen ließe, indem man sich die Handschrift anschaute und nachsähe, ob die Änderungen zugunsten des Stils oder des Sinns gemacht wurden. Dann aber müsste man entscheiden, was Stil und was Sinn heißt, eine Frage, die – aber hier stand ich tatsächlich vor der Tür, die zur Bibliothek führt. Ich muss sie geöffnet haben, denn augenblicklich erschien wie ein Schutzengel, der den Weg mit dem Geflatter eines schwarzen Talars anstelle weißer Flügel verstellte, ein abwehrender, silbriger, freundlicher Herr, der, während er mich mit wedelnder Hand zurückscheuchte, in leisem Ton bedauerte, dass Damen zur Bibliothek nur Zutritt hätten, wenn sie von einem Fellow des Colleges begleitet oder ein Empfehlungsschreiben bei sich haben würden.

Dass eine berühmte Bibliothek von einer Frau verflucht worden ist, ist einer berühmten Bibliothek völlig gleichgültig. Ehrwürdig und gelassen, alle ihre Schätze sicher in der Brust verschlossen, schläft sie selbstzufrieden und wird, was mich betrifft, für immer so schlafen. Nie werde ich diese Echos wecken, nicht noch einmal um Gastfreundschaft bitten, schwor ich, als ich voller Zorn die Stufen hinabstieg. Bis zum Lunch blieb immer noch eine Stunde, und was sollte man damit anfangen? Über die Wiesen schlendern? Am Fluss sitzen? Gewiss, der Herbstmorgen war herrlich; die Blätter flatterten rot zu Boden, und weder das eine noch das andere verlangte eine besondere Anstrengung. Aber Musik drang nun an mein Ohr. Ein Gottesdienst oder eine Feier fand statt. Die Orgel klagte prächtig, als ich an der Kirchentür vorbeiging. Sogar das Leid der Christenheit klang in dieser friedlichen Luft mehr wie eine Erinnerung an das Leid als wie das Leiden selbst; sogar das Ächzen der uralten Orgel schien in Frieden gehüllt. Ich hatte nicht den Wunsch, hineinzugehen, falls ich das Recht dazu gehabt hätte, und diesmal hätte mich wohl der Küster aufgehalten und vielleicht meinen Taufschein verlangt oder ein Empfehlungsschreiben des Dekans. Aber das Äußere dieser prächtigen Gebäude ist oft so schön wie das Innere. Außerdem war es unterhaltsam genug, zuzuschauen, wie die Gemeinde sich versammelte, hineinging und wieder herauskam, geschäftig vor der Kirchentür herumschwirrte wie Bienen vor dem Eingang zum

Bienenstock. Viele trugen Doktorhut und Talar, manche hatten einen Pelzbesatz auf den Schultern, andere wurden im Rollstuhl hineingeschoben, wieder andere, obwohl noch nicht jenseits der mittleren Jahre, wirkten so eigenartig zerknittert und zerknautscht, dass ihre Gestalten an jene riesigen Krabben und Krebse erinnerten, die sich mit Mühe über den Sand eines Aquariums schleppen. Als ich mich an die Mauer lehnte, wirkte die Universität tatsächlich wie ein Refugium, in dem seltene Arten erhalten werden, die bald aussterben würden, wären sie dem Überlebenskampf auf dem Straßenpflaster des Strand[3] ausgesetzt. Alte Geschichten von alten Dekanen und alten Doktoren fielen mir wieder ein, aber bevor ich den Mut aufbrachte zu pfeifen – es hieß, dass beim Klang eines Pfiffs der alte Professor sogleich in einen Galopp fiel –, war die ehrwürdige Gemeinde im Inneren verschwunden. Das Äußere der Kirche blieb. Wie Sie wissen, wirken ihre hohen Kuppeln und Spitztürme wie ein beständig reisendes, nie ankommendes Segelschiff, nachts hell erleuchtet und meilenweit zu sehen, bis weit hinter die Hügel. Vermutlich war dieser Innenhof mit seinen glatten Rasenflächen, wuchtigen Gebäuden und der Kirche selbst einst ebenfalls Sumpfland, in dem die Gräser wogten und die Schweine wühlten. Pferde- und Ochsengespanne, dachte ich, mussten die Steine in Fuhrwerken aus entlegenen Grafschaften herangekarrt haben, und dann wurden die grauen Quader, in deren Schatten ich jetzt stand, in unermüdlicher Arbeit einer ordentlich auf den anderen geschichtet, und dann brachten Maler ihr Glas für die Fenster, und die Maurer waren jahrhundertelang dort oben auf dem Dach mit Kitt und Mörtel beschäftigt, mit Schaufel und Kelle. Bestimmt hatte jemand jeden Samstag Gold und Silber aus einer ledernen Geldbörse in ihre uralten Fäuste geschüttet, denn am Abend hatten sie bei Bier und Kegelspiel vermutlich ihren Spaß. Ein endloser Strom aus Gold und Silber, dachte ich, musste fortwährend in dieses Gebäude geflossen sein, damit die Steine weiterhin kamen und die Maurer weiterhin arbeiteten; ebneten, aushoben, gruben und entwässerten. Aber es war das Zeitalter des Glaubens, und das Geld wurde großzügig ausgeschüttet, um diese Steine auf ein starkes Fundament zu setzen, und als die Steine errichtet waren, floss noch mehr Geld aus den Schatztruhen von Königen und Königinnen und Fürsten hinein, um sicherzustellen, dass Hymnen hier gesungen und Gelehrte unterrichten würden. Ländereien wurden bewilligt; Zehnte wurden bezahlt. Und als das Zeitalter des Glaubens vorbei und das Zeitalter der Vernunft angebrochen war, floss derselbe Strom aus Gold und Silber weiter; Stipendien wurden gestiftet; Professuren eingerichtet; nur dass das Gold und Silber jetzt nicht mehr aus den Schatztruhen des Königs, sondern aus den Kassen von Kaufleuten und Fabrikanten, aus den Geldbörsen von Männern floss, die ein Vermögen etwa als Unternehmer gemacht hatten und in ihren Testamenten einen ordentlichen Anteil davon zurückgaben, um weitere Lehrstühle, weitere Professuren, weitere Stipendien in der Universität einzurichten, an der sie ihr Handwerk gelernt hatten. Daher die Bibliotheken und Labore; die Observatorien; die großartige Ausstattung mit teuren und empfindlichen Instrumenten, die jetzt in Glasregalen stehen, wo vor Jahrhunderten Gräser wogten und Schweine wühlten. Sicher, als ich im Hof umherschlenderte, schien das Fundament aus Gold und Silber stark genug; das Pflaster stabil über den wilden Gräsern zu liegen. Männer mit Tabletts auf dem Kopf gingen geschäftig von einem Treppenhaus zum anderen. Farbenprächtige Blumen blühten in Kästen vor den Fenstern. Die Töne eines Grammophons schallten aus den Zimmern. Es war unmöglich, sich nicht zu überlegen – die Überlegung, welche auch immer, wurde gekappt. Die Uhr schlug. Es war Zeit, sich zum Lunch einzufinden.

Es ist eine seltsame Sache, wie gut Romanschriftsteller sich darauf verstehen, uns glauben zu lassen, Lunchgesellschaften wären ausnahmslos denkwürdig, weil etwas besonders Geistreiches gesagt wurde oder etwas sehr Weises geschah. Aber selten verlieren sie ein Wort über das, was gegessen wurde. Es gehört zu den Konventionen des Schriftstellers, Suppe, Lachs und Ente nicht zu erwähnen, als wären Suppe, Lachs und Ente nicht von geringster Bedeutung, als hätte niemand je eine Zigarre geraucht oder ein Glas Wein getrunken. Ich nehme mir hier aber die Freiheit, mich über diese Konvention hinwegzusetzen und Ihnen zu erzählen, dass das Mittagessen bei dieser Gelegenheit mit Seezunge in einer tiefen Schüssel begann, über die der College-Koch eine Decke aus weißester Sahne gebreitet hatte, nur hier oder da versehen mit braunen Flecken wie die Flecken auf den Flanken einer Hirschkuh. Danach kamen die Rebhühner, aber wenn Sie dabei an ein paar kahle, braune

Vögel auf einer Platte denken, liegen Sie falsch. Die Rebhühner, zahlreich und verschieden, kamen mit ihrem gesamten Gefolge an Soßen und Salaten, den scharfen und den süßen, jede in der entsprechenden Reihenfolge; mit ihren Kartoffeln, dünn wie Münzen, aber nicht so hart; ihrem Rosenkohl, die Blättchen wie Rosenknospen, nur saftiger. Und kaum waren der Braten und sein Gefolge beendet, setzte uns schon der stumme servierende Diener, vielleicht der Pedell höchstpersönlich, nur in sanfterer Erscheinungsform, eine von Servietten umhüllte Nachspeise vor, die wie ein Zuckerberg aus den Wellen ragte. Sie als Pudding zu bezeichnen und so mit Reis und Tapioka in Verbindung zu bringen wäre eine Beleidigung. Unterdessen hatten die Weingläser gelb aufgeleuchtet und rot aufgeleuchtet; waren geleert worden; waren gefüllt worden. Und so wurde nach und nach in der Mitte der Wirbelsäule, dort, wo die Seele wohnt, nicht das harte, kleine elektrische Licht entzündet, das wir als Scharfsinn bezeichnen, wenn es zwischen unseren Lippen auftaucht, sondern das tiefere, subtile und untergründige Glühen der satten gelben Flamme vernünftigen Austauschs. Keine Notwendigkeit zur Eile. Keine Notwendigkeit, zu glänzen. Keine Notwendigkeit, jemand anderes zu sein als man selbst. Wir kommen alle in den Himmel, und van Dyck ist mit von der Partie – mit anderen Worten, wie gut das Leben schien, wie süß seine Belohnungen, wie banal dieser Neid oder jener Groll, wie wunderbar die Freundschaft und Gesellschaft Gleichgesinnter, während man sich eine gute Zigarre anzündete und in die Sitzkissen am Fenster sank.

Wenn durch einen glücklichen Zufall ein Aschenbecher zur Hand gewesen wäre und man die Asche in Ermangelung dessen nicht aus dem Fenster geschnippt hätte, wenn die Dinge ein wenig anders gewesen wären, als sie waren, hätte man vermutlich die Katze ohne Schwanz nicht gesehen. Der Anblick dieses unerwartet kupierten Tiers, das auf leisen Pfoten durch den Innenhof strich, veränderte durch eine Zufallsregung des unbewussten Intellekts das emotionale Licht für mich. Als hätte jemand ein Rouleau heruntergelassen. Vielleicht ließ die Wirkung des vorzüglichen Weißweins nach. Natürlich, als ich zusah, wie die Manx-Katze mitten auf dem Gras anhielt, als würde auch sie das Universum in Frage stellen, schien etwas zu fehlen, schien etwas anders zu sein. Aber was fehlte, was war anders, fragte ich mich, während ich der Unterhaltung zuhörte. Und um diese Frage zu beantworten, musste ich mich aus dem Zimmer hinausdenken, zurück in die Vergangenheit, sogar bis in die Zeit vor dem Krieg, und mir das Muster einer anderen Lunchgesellschaft vor Augen führen, die in nicht weit entfernt gelegenen, aber anderen Zimmern stattgefunden hatte. Alles war anders. Inzwischen ging die Unterhaltung unter den Gästen weiter, die zahlreich und jung waren, die einen diesen, die anderen jenen Geschlechts; sie ging geschmeidig weiter, sie ging einvernehmlich weiter, frei, lebendig. Und während sie weiterging, hörte ich sie vor dem Hintergrund dieser anderen Unterhaltung, und als ich beide übereinanderlegte, hatte ich keinen Zweifel, dass die eine die Nachfahrin der anderen war, ihre rechtmäßige Erbin. Nichts hatte sich gewandelt; nichts war anders, außer – hier hörte ich mit großen Ohren nicht ausschließlich auf das, was gesagt wurde, sondern auf das Raunen oder die Strömung dahinter. Ja, das war es – das war der Wandel. Vor dem Krieg hätten die Leute bei einer Lunchgesellschaft genau die gleichen Dinge gesagt, aber sie hätten sich anders angehört, denn damals wurden sie von einer Art Summen begleitet, nicht deutlich, aber melodisch, aufregend, das den Wert der Worte veränderte. Könnte man dieses Summen in Worte fassen? Mithilfe der Dichter könnte man das vielleicht. Ein Buch lag neben mir, und als ich es aufschlug, blätterte ich eher unabsichtlich zu Tennyson. Und stieß auf etwas, was Tennyson sang:

Von Passionsblumenranken am Tor
Rinnt eine Träne ins Moos.
Ah, sie kommt, die mein Herz sich erkor,
Sie kommt, mein Leben, mein Los.
Rotrose ruft: »Sie ist nah, sie ist nah«,
Weißrose weint: »Verspätet sie sich?«
Rittersporn lauscht: »Sie ist da, sie ist da«,
Lilie flüstert: »Gedulde dich.«

War es das, was Männer vor dem Krieg bei Lunchgesellschaften summten? Und die Frauen?

Mein Herz ist wie ein Vogel heut'
Dem dichtes Laub sein Nest umflicht;
Mein Herz ist wie ein Apfelbaum,

Dem jeder Ast von Früchten bricht;
Mein Herz ist wie ein Muschelhaus,
Das schwimmt im tiefdurchsonnten Meer,
Und noch viel froher ist mein Herz,
Mein Liebster kam zu mir daher.[4]

War es das, was Frauen bei Lunchgesellschaften vor dem Krieg summten?

Die Vorstellung, dass vor dem Krieg Menschen solche Dinge, wenn auch nur unter vorgehaltener Hand, bei Lunchgesellschaften gesummt hatten, war so skurril, dass ich auflachte und mein Gelächter erklären musste, indem ich auf die Manx-Katze zeigte, die tatsächlich ein wenig absurd aussah, armes Tier, ohne Schwanz, mitten auf dem Rasen. War sie wirklich so geboren worden, oder hatte sie ihren Schwanz bei einem Unfall verloren? Die schwanzlose Katze ist seltener, als man denkt, obwohl es einige von ihnen auf der Isle of Man geben soll. Sie ist ein eigenartiges Tier, eher bizarr als hübsch. Es ist seltsam, was ein Schwanz für einen Unterschied bedeutet – Sie wissen schon, was man so sagt, wenn sich die Lunchgesellschaft auflöst und die Leute sich ihre Hüte und Mäntel holen.

Diese hatte dank der Großzügigkeit des Gastgebers bis weit in den Nachmittag hinein gedauert. Der schöne Oktobertag verblasste, und die Blätter fielen von den Bäumen der Allee, die ich entlang ging. Hinter mir schien sich ein Tor nach dem anderen mit sanfter Endgültigkeit zu schließen. Unzählige Pedelle steckten unzählige Schlüssel in gut geölte Schlösser; das Haus der

Schätze wurde für eine weitere Nacht gesichert. Von der Allee kommt man auf eine Straße – ich vergesse immer ihren Namen –, die, wenn man richtig abbiegt, weiter nach Fernham führt. Aber es war noch viel Zeit. Dinner gab es nicht vor halb acht. Nach einem solchen Mittagessen wäre man auch gut ohne Dinner ausgekommen. Es ist seltsam, wie der Fetzen eines Gedichts in Gedanken arbeitet und die Beine im Takt dazu die Straße entlanggehen lässt. Diese Worte –

> Von Passionsblumenranken am Tor
> Rinnt eine Träne ins Moos.
> Ah, sie kommt, die mein Herz sich erkor –

sangen mir im Blut, als ich schnell in Richtung Headingley ging. Und dann, in das andere Versmaß umschaltend, sang ich beim aufgewühlten Wasser am Wehr:

> Mein Herz ist wie ein Vogel heut'
> Dem dichtes Laub sein Nest umflicht;
> Mein Herz ist wie ein Apfelbaum …

Was für Dichter, rief ich laut aus, wie man es in der Dämmerung eben tut, was für Dichter sie waren!

Mit Blick auf unser eigenes Zeitalter fragte ich mich wohl mit einer gewissen Eifersucht, so albern und absurd solche Vergleiche auch sind, ob man tatsächlich zwei lebende Dichter von der Größe nennen könnte, die Tennyson oder Christina Rossetti einst hatten. Es ist offenkundig unmöglich, sie zu vergleichen, dachte ich, während ich ins schäumende Wasser blickte. Der Grund, warum uns diese Lyrik so maßlos, so überschwänglich begeistert, liegt darin, dass sie ein Gefühl feiert, das man einmal hatte (etwa bei Lunchgesellschaften vor dem Krieg), und demzufolge leicht und in vertrauter Weise darauf reagiert, ohne sich die Mühe machen zu müssen, das Gefühl zu überprüfen oder es mit einem zu vergleichen, das man jetzt hat. Die lebenden Dichter dagegen drücken ein Gefühl aus, das gerade im Entstehen ist und uns augenblicklich entrissen wird. Zuerst ist es nicht zu erkennen; oft fürchtet man es aus irgendeinem Grund; beobachtet es scharf und vergleicht es eifersüchtig und argwöhnisch mit dem alten Gefühl, das man kannte. Daher die Schwierigkeit moderner Lyrik; und aufgrund dieser Schwierigkeit erinnert man sich an nicht mehr als zwei aufeinanderfolgende Zeilen eines beliebigen guten modernen Dichters. Aus diesem Grund – dass mein Gedächtnis mich im Stich ließ – ging meinem Argument wegen Mangel an Material die Luft aus. Aber warum, fuhr ich fort, während ich in Richtung Headingley weiterging, haben wir aufgehört, bei Lunchgesellschaften leise vor uns hin zu summen? Warum singt Alfred nicht länger

> Ah, sie kommt, die mein Herz sich erkor.

Warum hat Christina aufgehört zu erwidern

> Und noch viel froher ist mein Herz,
> Mein Liebster kam zu mir daher.

Sollen wir dem Krieg die Schuld geben? Als die Geschütze im August 1914 zu feuern begannen, zeigten sich da die Gesichter von Männern und Frauen so deutlich in den Augen der jeweils anderen, dass die Romantik ausgelöscht wurde? Sicher war es ein Schock (besonders für die Frauen mit ihren Illusionen über die Bildung und so weiter), die Gesichter unserer Herrscher im Licht des Granatfeuers zu sehen. Wie hässlich sie aussahen – deutsche, englische, französische –, wie dumm. Aber wem oder was immer man die Schuld gibt, die Illusion, die Tennyson und Christina Rossetti dazu beflügelte, so leidenschaftlich die Ankunft der Geliebten zu besingen, ist heute viel seltener geworden als damals. Man braucht nur zu lesen, sich umzuschauen, zuzuhören, sich zu erinnern. Aber warum von »Schuld« reden? Warum, wenn es eine Illusion war, nicht die Katastrophe preisen, welche es auch war, die diese Illusion zerstörte und durch Wahrheit ersetzte? Denn Wahrheit ... diese Punkte markieren die Stelle, an der ich auf der Suche nach Wahrheit die Abzweigung nach Fernham verpasste. Ja, tatsächlich, was war Wahrheit und was Illusion, fragte ich mich? Wie lautete zum Beispiel die Wahrheit über diese Häuser, jetzt schummrig und festlich mit den roten Fenstern in der Abenddämmerung, aber rau und rot und ärmlich mit dem Gebäck und den Schnürsenkeln um neun Uhr morgens? Und die Weiden und der Fluss und die Gärten, die sich bis zum Fluss hinunter erstreckten, verschwommen jetzt im aufziehenden Nebel, aber golden und rot im Sonnenlicht – was daran war Wahrheit, was war Illusion?

Ich erspare Ihnen das Hin und Her meiner Gedanken, denn auf der Straße nach Headingley kam ich zu keinem Schluss, und ich bitte Sie, mir zu glauben, dass ich den Irrtum über die Abzweigung bald bemerkte und kehrtmachte nach Fernham.

Da ich bereits gesagt habe, dass es ein schöner Oktobertag war, werde ich nicht das Risiko eingehen, Ihren Respekt zu verlieren und den hehren Ruf der Literatur zu gefährden, indem ich die Jahreszeit ändere und Flieder, der über Gartenmauern hing, Krokusse, Tulpen und andere Frühlingsblumen beschreibe. Die Literatur muss sich an Tatsachen halten, und je wahrer die Tatsachen, desto besser die Literatur – wird uns gesagt. Deshalb war es immer noch Herbst, und die Blätter fielen immer noch gelb von den Bäumen, vielleicht etwas schneller als zuvor, weil es nun Abend war (sieben Uhr dreiundzwanzig, um genau zu sein), und ein Lüftchen (aus Südwest, um exakt zu sein) war aufgekommen. Aber trotz allem ging etwas Seltsames vor sich:

Mein Herz ist wie ein Vogel heut'
Dem dichtes Laub sein Nest umflicht;
Mein Herz ist wie ein Apfelbaum,
Dem jeder Ast von Früchten bricht

Möglicherweise waren auch die Worte von Christina Rossetti für das verrückte Hirngespinst verantwortlich – denn natürlich war es nichts als ein Hirngespinst –, dass der Flieder seine Blüten über die Gartenmauern schüttelte und die Zitronenfalter hin und her jagten und die

Luft voller Blütenstaub war. Ein Wind blies, aus welcher Gegend weiß ich nicht, aber er hob die halbwüchsigen Blätter an, sodass die Luft silbergrau aufblitzte. Es war die Stunde des Zwielichts, wenn die Farben sich wandeln und intensiver leuchten und wenn Violett und Gold auf Fensterscheiben brennen wie der Schlag eines erregbaren Herzens; wenn sich die Schönheit der Welt aus irgendeinem Grund offenbart und doch bald vergehen wird (hier betrat ich den Garten, denn die Tür stand unvorsichtigerweise offen, und kein Pedell war in Sicht), die Schönheit der Welt, die so schnell vergehen wird, ist zweischneidig, eine Schneide des Lachens und eine des Leidens teilen das Herz entzwei. Die Gärten von Fernham lagen vor mir im Zwielicht des Frühlings, wild und offen, und das hohe Gras war gesprenkelt von sorglos verstreuten Narzissen und Glockenhyazinthen, selbst zu den besten Zeiten vielleicht nicht geordnet, jetzt aber wogten sie windzerzaust, während sie da an ihren Wurzeln zerrten. Die Fenster des Gebäudes, rund wie Schiffsfenster zwischen üppigen Wellen aus roten Ziegelsteinen, wechselten die Farbe von Zitronengelb zu Silber unter den schnell vorüberziehenden Frühlingswolken. Jemand lag in einer Hängematte, jemand, aber in diesem Licht waren alle nur Schatten, halb erahnt, halb gesehen, raste über das Gras – hielt niemand sie auf? –, und dann auf der Terrasse, als wäre sie herausgekommen, um Luft zu holen, einen Blick in den Garten zu werfen, erschien eine gebeugte Gestalt, Respekt einflößend und doch bescheiden, mit ihrer hohen Stirn und ihrem schäbigen Kleid – konnte es die berühmte

Gelehrte, konnte es J– H–[5] selbst sein? Alles war schummrig, leuchtete dennoch, als würde der Schal, den die Dämmerung über den Garten geworfen hatte, zerrissen von Stern oder Schwert – der Blitz einer schrecklichen Wirklichkeit zuckte, wie es seine Art ist, aus dem Herzen des Frühlings auf. Denn die Jugend –

Da kam meine Suppe. In der großen Mensa wurde das Dinner serviert. Es war keineswegs Frühling, sondern tatsächlich ein Abend im Oktober. Man hatte sich im Speisesaal versammelt. Das Essen war zubereitet. Da kam die Suppe. Es war eine einfache Brühe. Darin war nichts, was die Fantasie anregte. In der durchsichtigen Flüssigkeit hätte man jegliches Muster auf dem Teller sehen können. Aber es gab kein Muster. Der Teller war schlicht. Als Nächstes kam Rindfleisch, begleitet von Gemüse und Kartoffeln – eine anspruchslose Dreifaltigkeit, die an die Hinterteile von Vieh auf einem schlammigen Markt denken ließ und an Rosenkohl, welk und gelb an den Rändern, und an Feilschen und Sonderangebote und Frauen mit Einkaufsnetzen am Montagmorgen. Es gab keinen Grund, sich über diese alltägliche menschliche Nahrung zu beschweren, schließlich war genug davon da, und Bergarbeiter hatten zweifellos weniger auf dem Tisch. Backpflaumen und Vanillepudding folgten. Und sollte sich jemand darüber beschweren, dass Backpflaumen, selbst wenn Vanillepudding sie milder macht, ein unbarmherziges Gemüse sind (Obst sind sie nicht), faserig wie das Herz eines Geizhalses und eine Flüssigkeit absondernd, wie sie Geizhälsen durch die Adern fließen mag, die sich achtzig Jahre lang Wein und Wärme versagt und trotzdem den Armen nichts gespendet haben, dann sollte er daran denken, dass es Menschen gibt, deren Barmherzigkeit sogar die Backpflaume einschließt. Cracker und Käse kamen als Nächstes, und dazu wurde der Wasserkrug großzügig herumgereicht, denn es liegt in der Natur von Crackern, dass sie trocken sind, und mehr Cracker als diese ging nicht. Das war alles. Die Mahlzeit war beendet. Alle schoben scharrend ihre Stühle zurück, die Schwingtüren schwangen heftig hin und her, bald war jede Spur des Essens aus dem Saal getilgt, und er wurde zweifelsohne für das Frühstück am nächsten Morgen vorbereitet. Die Korridore hinab und die Treppen hinauf zog die Jugend von England mit Knall und Gesang. Und stand es einem Gast, einer Fremden nicht zu (denn ich besaß hier in Fernham nicht mehr Rechte als in Trinity oder Somerville oder Girton oder Newnham oder Christchurch), zu sagen ›Das Dinner war nicht gut‹, oder zu sagen (wir, Mary Seton und ich, waren jetzt in ihrem Wohnzimmer): ›Hätten wir nicht hier oben allein essen können?‹, denn hätte ich irgendetwas in dieser Richtung gesagt, hätte ich meine Nase neugierig in die geheimen Sparmaßnahmen eines Hauses gesteckt, das für die Fremde eine so schöne Fassade aus Frohsinn und Mut angelegt hat. Nein, man konnte nichts Derartiges sagen. Allerdings kam das Gespräch für einen Moment ins Stocken. So, wie der Mensch beschaffen ist, Herz, Körper und Gehirn miteinander verknüpft und nicht in getrennten Abteilungen untergebracht, wie es in einer Million Jahren zweifellos der Fall sein wird, ist ein gutes Dinner eine wichtige Voraussetzung für ein gutes Gespräch. Man kann nicht gut denken, gut lieben, gut schlafen, wenn man nicht gut gegessen hat. Das Licht in der Wirbelsäule leuchtet nicht mit Rind und Backpflaumen. Wir kommen *wahrscheinlich* alle in den Himmel, und van Dyck wird uns *hoffentlich* an der nächsten Ecke treffen – das ist der zweifelhafte und beschränkte geistige Zustand, den Rind und Backpflaumen am Ende des Arbeitstages ausbrüten. Glücklicherweise hatte meine Freundin, die Naturwissenschaften lehrte, einen Schrank, in dem es eine dickbauchige Flasche und kleine Gläser gab – (aber erst mal hätte es Seezunge und Rebhuhn geben sollen) –, sodass wir uns ans Feuer begeben und einige der Schäden dieses Arbeitstages beheben konnten. Nach etwa einer Minute umkreisten wir ungezwungen all jene Gegenstände der Neugier und des Interesses, die sich in Abwesenheit einer bestimmten Person im Geiste formen und natürlich diskutiert werden müssen, sobald man sich wiedersieht – dass jemand geheiratet hat, ein anderer nicht, der eine denkt dies, der andere jenes, aus dem einen ist ganz unerwartet etwas geworden, der andere ist erstaunlicherweise auf die schiefe Bahn geraten –, inklusive all der Mutmaßungen über die menschliche Natur und die Beschaffenheit dieser erstaunlichen Welt, in der wir leben, die sich auf natürliche Weise aus solchen Gesprächsanfängen ergeben. Während alle diese Dinge besprochen wurden, bemerkte ich beschämenderweise eine Strömung, die ganz von selbst einsetzte und alles einem ganz eigenen Ziel zutrug. Man mochte von Spanien oder Portugal sprechen, von Buch oder Rennpferd, aber das eigentliche Interesse an dem, was gesagt wurde, galt keinem dieser Dinge, sondern einer Szene mit Maurern auf einem hohen Dach vor etwa fünfhundert Jahren. Könige und Fürsten brachten Schätze in riesigen Säcken und schütteten sie unter die Erde. Diese Szene stand mir immer wieder lebhaft vor Augen und fügte sich neben eine andere mit mageren Kühen und einem schlammigen Markt und welkem Gemüse und den faserigen Herzen alter Männer – diese beiden Bilder, so zusammenhanglos, unverbunden und unsinnig sie waren, trafen für immer zusammen und bekämpften einander und hatten mich ganz in ihrer Gewalt. Um nicht das ganze Gespräch zu ruinieren, war es am besten, das, was mir durch den Kopf ging, an die Luft zu lassen, wo es, wenn ich Glück hatte, verblassen und zerbröseln würde wie der Kopf des toten Königs, als sie den Sarg in Windsor öffneten. In wenigen Worten also erzählte ich Miss Seton von den Maurern, die all diese Jahre auf dem Dach der Kirche gewesen waren, und von den Königen und Königinnen und Fürsten, die Säcke mit Gold und Silber auf den Schultern trugen, das sie in die Erde schaufelten, und wie dann die großen Finanzmagnaten unserer Zeit kamen und Schecks und Pfandbriefe vermutlich eben dort hineinsteckten, wo die anderen Barren und rohe Goldklumpen hineingesteckt hatten. All das liegt dort unter den Colleges, sagte ich, aber in diesem College, in dem wir gerade sitzen, was liegt da unter den stattlichen roten Ziegeln und dem wilden, struppigen Gras des Gartens? Welche Macht steht hinter dem schlichten Porzellan, von dem wir zu Abend aßen und (es kam mir über die Lippen, bevor ich es zurückhalten konnte) dem Rind, dem Pudding und den Backpflaumen?

Tja, sagte Mary Seton, etwa im Jahr 1860 – Ach, aber die Geschichte kennst du doch, sagte sie, vermutlich von dem Vortrag gelangweilt. Und sie erzählte mir – Zimmer wurden angemietet. Gremien traten zusammen. Briefumschläge wurden adressiert. Rundschreiben wurden aufgesetzt. Versammlungen wurden abgehalten; Briefe wurden vorgelesen; Soundso hat soundso viel versprochen; Mr – dagegen wird keinen Penny geben. Die *Saturday Review* ist sehr unverschämt gewesen. Wie richten wir einen Fonds ein, um Büroräume zu bezahlen? Sollen wir einen Basar veranstalten? Können wir nicht ein hübsches Mädchen auftreiben, das in der ersten Reihe sitzt? Lasst uns nachschlagen, was John Stuart Mill[6] zu diesem Thema sagte. Kann irgendjemand den Herausgeber der – überreden, einen Brief abzudrucken? Können wir Lady – dazu bringen, zu unterschreiben? Lady – ist verreist. So lief das vermutlich ab, vor sechzig Jahren, und es war eine gewaltige Anstrengung, und jede Menge Zeit wurde darauf verwendet. Und erst nach langem Kampf und unter größten Schwierigkeiten bekamen sie die dreißigtausend Pfund zusammen.[*] Also

* »Uns wird gesagt, dass wir wenigstens 30000 Pfund verlangen sollten … Es ist keine große Summe in Anbetracht dessen, dass es nicht mehr als ein College dieser Art für Großbritannien, Irland und die Kolonien geben soll, und in Anbetracht dessen, wie einfach es ist, erstaunliche Summen für Bildungsanstalten für Jungen aufzutreiben. Aber in Anbetracht dessen, wie wenige Menschen wirklich wollen, dass Frauen eine Ausbildung erhalten, ist es eine ganze Menge.« Lady Stephen, *Life of Miss Emily Davies and Girton College*

haben wir natürlich keinen Wein und keine Rebhühner oder Bedienstete, die Tabletts aus Zinn auf dem Kopf tragen, sagte sie. Wir haben keine Sofas und keine getrennten Zimmer. ›Die Annehmlichkeiten‹, sagte sie, aus diesem oder jenem Buch zitierend, ›müssen warten.‹*

Bei dem Gedanken daran, wie all diese Frauen sich Jahr für Jahr abrackerten und es schwer hatten, zweitausend Pfund aufzutreiben, und trotz aller Bemühungen nicht mehr als dreißigtausend auftreiben konnten, brachen wir in Hohn und Spott über die elende Armut unseres Geschlechts aus.

Was hatten unsere Mütter getrieben, dass sie uns kein Vermögen hinterlassen konnten? Sich die Nase gepudert? Schaufenster betrachtet? Im sonnigen Monte Carlo herumstolziert? Auf dem Kaminsims standen ein paar Fotografien. Marys Mutter – wenn es ein Bild von ihr war – mochte in ihrer Freizeit eine Lebedame gewesen sein (von einem Kleriker hatte sie dreizehn Kinder), aber wenn das stimmte, hatte ihr ausschweifendes und zügelloses Leben nicht allzu viele Spuren des Vergnügens auf ihrem Gesicht hinterlassen. Sie war eine schlichte Person; eine alte Dame in einem karierten Schultertuch, das von einer großen Kamee zusammengehalten wurde; sie saß in einem Korbsessel und ermunterte einen Spaniel, in die Kamera zu schauen, wobei sie den amüsierten, aber angespannten Ausdruck von jemandem hatte, der weiß, dass der Hund sich bewegen

* »Jeder Penny, der zusammengekratzt werden konnte, wurde für die Bauten zur Seite gelegt, und die Annehmlichkeiten mussten hinausgeschoben werden.« R. Strachey, *The Cause*

wird, sobald der Auslöser gedrückt wird. Hätte sie stattdessen eine berufliche Laufbahn eingeschlagen, wäre Kunstseidenfabrikantin oder Magnatin an der Börse geworden und hätte Fernham zwei- oder dreihunderttausend Pfund hinterlassen, hätten wir heute Abend entspannt hier sitzen und über Archäologie, Botanik, Anthropologie, Physik, das Wesen des Atoms, Mathematik, Astronomie, Relativität oder Geografie plaudern können. Hätten Mrs Seton und ihre Mutter und deren Mutter die große Kunst des Geldverdienens gelernt und ebenso wie ihre Väter und deren Großväter ihr Geld zur Einrichtung von Stipendien und Professuren und Preisen und Lehrstühlen hinterlassen, gebunden ausschließlich ans eigene Geschlecht, hätten wir vermutlich hier oben alleine ein ganz anständiges Abendessen mit einer Flasche Wein und einem Rebhuhn haben können; wir hätten uns, ohne die Zuversicht überzustrapazieren, auf ein angenehmes und ehrbares Leben in der Obhut großzügig ausgestatteter Berufe freuen können. Vielleicht hätten wir geforscht oder geschrieben; hätten viel Zeit an altehrwürdigen Orten dieser Erde verbracht, gedankenversunken auf den Stufen des Parthenons gesessen oder wären um zehn in ein Büro gegangen und bequem um halb fünf nach Hause gekommen, um noch ein bisschen zu dichten. Wenn Mrs Seton und ihresgleichen allerdings mit fünfzehn eine berufliche Laufbahn eingeschlagen hätten, hätte es – das war der Haken an der Sache – keine Mary gegeben. Was, fragte ich, hielt Mary davon? Zwischen den Vorhängen stand der Oktoberabend, ruhig und lieblich, ein Stern oder zwei hatten sich im gelben Laub der Bäume verfangen. War sie bereit, auf ihren Anteil daran zu verzichten und auf ihre Erinnerungen (denn sie waren eine glückliche, wenn auch eine große Familie gewesen) an die Spiele und Streitereien oben in Schottland, das sie wegen seiner milden Luft und seiner guten Kuchen nie müde wird zu preisen, damit Fernham durch einen Federstrich mit, sagen wir, fünfzigtausend Pfund ausgestattet werden konnte? Denn ein College zu finanzieren würde die Abschaffung der Familie als solche bedeuten. Ein Vermögen zu machen und dreizehn Kinder zu gebären – kein Mensch würde das aushalten. Betrachten wir die Tatsachen, sagten wir. Zunächst sind es neun Monate bis zur Geburt des Babys. Dann kommt das Baby zur Welt. Dann vergehen drei oder vier Monate mit dem Stillen des Babys. Nachdem das Baby gestillt wurde, vergehen garantiert fünf Jahre über dem Spielen mit dem Baby. So, wie es aussieht, kann man Kinder nicht auf den Straßen herumrennen lassen. Leute, die sie in Russland wild herumlaufen sahen, sagen, der Anblick sei kein schöner. Die Leute sagen auch, dass die menschliche Natur zwischen dem ersten und fünften Lebensjahr geformt wird. Wenn Mrs Seton, sagte ich, Geld verdient hätte, welche Erinnerungen hättest du dann an die Spiele und Streitereien gehabt? Was hättest du von Schottland und seiner guten Luft, den vorzüglichen Kuchen und allem Übrigen gewusst? Aber all das zu fragen ist sinnlos, denn du wärst gar nicht erst auf die Welt gekommen. Ferner ist es genauso sinnlos zu fragen, was passiert wäre, wenn Mrs Seton und ihre Mutter und deren Mutter ein großes

Vermögen angesammelt hätten und es unter die Fundamente von College und Bibliothek gesteckt hätten, weil es ihnen erstens unmöglich war, Geld zu verdienen, und wenn es, zweitens, möglich gewesen wäre, das Gesetz ihnen das Recht auf den Besitz des Geldes, das sie verdienten, nicht gewährt hätte. Erst seit achtundvierzig Jahren darf Mrs Seton einen eigenen Penny haben. In all den Jahrhunderten zuvor wäre er Eigentum des Ehemanns gewesen – ein Gedanke, der dazu beigetragen haben mag, Mrs Seton und ihre Mutter von der Börse fernzuhalten. Jeden Penny, den ich verdiene, mochten sie sich gesagt haben, wird mir weggenommen und der Weisheit meines Mannes entsprechend ausgegeben – vielleicht, um in Balliol oder King's einen Lehrstuhl einzurichten oder ein Stipendium zu finanzieren, weshalb das Geldverdienen, auch wenn ich Geld verdienen könnte, nichts ist, was mich großartig interessiert. Ich sollte es lieber meinem Mann überlassen.

Jedenfalls, ob die alte Dame, die den Spaniel anschaute, nun schuld war oder nicht, gab es keinen Zweifel daran, dass unsere Mütter ihre wirtschaftlichen Angelegenheiten aus irgendeinem Grund sehr schlecht geregelt hatten. Kein Penny konnte für ›Annehmlichkeiten‹ zurückgelegt werden, für Rebhühner und Wein, Pedell und Rasen, Bücher und Zigarren, Bibliotheken und Muße. Nackte Mauern auf nackter Erde zu errichten, war das Äußerste, was sie tun konnten.

So redeten wir, als wir am Fenster standen und wie Tausende andere jede Nacht hinunter auf die Kuppeln und Türme der berühmten Stadt zu unseren Füßen schauten. Sie war sehr schön, sehr geheimnisvoll im herbstlichen Mondlicht. Die alten Mauern sahen sehr weiß und ehrwürdig aus. Man dachte an all die Bücher, die dort versammelt waren, an die Gemälde von alten Prälaten und Würdenträgern, die in den getäfelten Zimmern hingen; an bunte Fenster, die seltsame Kugeln und Halbmonde auf das Pflaster warfen; an die Tafeln und Ehrenmale und Inschriften, an die Springbrunnen und das Gras, an die stillen Zimmer, die auf stille Innenhöfe hinausgingen. Und (vergeben Sie mir den Gedanken) ich dachte auch an die ausgezeichneten Rauchwaren und Getränke und die tiefen Sessel und die schönen Teppiche: an die Weltläufigkeit, die Geselligkeit, die Würde, die aus Luxus, Privatheit und Platz resultieren. Mit etwas Vergleichbarem hatten uns unsere Mütter ganz und gar nicht versorgt – unsere Mütter, denen es schwerfiel, dreißigtausend Pfund zusammenzukratzen, unsere Mütter, die Klerikern von St Andrews dreizehn Kinder gebaren.

Also ging ich in mein Gasthaus zurück, und während ich durch die dunklen Straßen lief, dachte ich über dieses und jenes nach, wie man es am Ende eines Arbeitstages tut. Ich dachte darüber nach, woran es lag, dass Mrs Seton uns kein Geld hinterlassen konnte; welche Wirkung Armut auf den Geist hat und welche Wirkung Reichtum auf den Geist hat, und ich dachte an die sonderbaren alten Herren, die ich an diesem Morgen mit einem Pelzbesatz auf den Schultern gesehen hatte, und ich erinnerte mich, wie einer von ihnen, sobald man pfiff, losgaloppierte, und ich dachte an die Orgel, die in der

Kirche gedröhnt hatte, und an die verschlossenen Türen zur Bibliothek, und ich dachte, wie unangenehm es ist, ausgesperrt zu sein, und ich dachte, wie viel schlimmer es wahrscheinlich ist, eingesperrt zu sein; und schließlich fand ich bei dem Gedanken an die Sicherheit und den Wohlstand des einen und an die Armut und die Unsicherheit des anderen Geschlechts und an die Wirkung von Tradition und des Fehlens von Tradition auf den schriftstellerischen Geist, dass es an der Zeit war, die verknitterte Haut des Tages mit ihren Argumenten und Eindrücken und ihrem Zorn und Gelächter abzustreifen und in die Hecke zu werfen. Tausende Sterne funkelten in den blauen Weiten des Himmels. Man schien in unergründlicher Gesellschaft allein zu sein. Die Menschen schliefen alle – hingestreckt, in der Horizontale, stumm. Niemand schien sich auf den Straßen von Oxbridge zu regen. Sogar die Tür zum Hotel sprang wie von unsichtbarer Hand berührt auf – kein Angestellter war mehr wach, um mir zum Zimmer zu leuchten, so spät war es.

Kapitel 2

Die Szenerie, wenn ich Sie bitten darf, mir zu folgen, hatte sich nun geändert. Die Blätter fielen immer noch, aber jetzt in London, nicht in Oxbridge, und ich muss Sie bitten, sich ein Zimmer vorzustellen, wie es Tausende gibt, mit einem Fenster, das über die Hüte der Menschen und die Lieferwagen und Autos hinweg zu anderen Fenstern hinausgeht, und sich auf einem Tisch in diesem Zimmer ein leeres Blatt Papier vorzustellen, auf dem in Großbuchstaben FRAUEN UND LITERATUR stand und sonst nichts. Als Nachspiel zu den Lunches und Dinners in Oxbridge schien ein Besuch im British Museum leider unvermeidlich zu sein. Es galt, alles Persönliche und Zufällige an diesen Eindrücken herauszufiltern, um die reine Flüssigkeit zu erhalten, das ätherische Öl der Wahrheit. Denn der Besuch in Oxbridge und das Mittag- und Abendessen hatten einen Schwarm von Fragen ausgelöst. Warum tranken Männer Wein und Frauen Wasser? Warum war das eine Geschlecht so wohlhabend und das andere so arm? Welche Wirkung hat Armut auf die Literatur? Welche Voraussetzungen sind zur Erschaffung von Kunstwerken nötig? – sofort drängten sich Tausende von Fragen auf. Aber man brauchte Antworten, keine Fragen; und eine Antwort war nur durch Hinzuziehen der Gebildeten und Unvoreingenommenen zu bekommen, die sich über den Zank der Zunge und das Chaos des Körpers erhoben und das Ergebnis ihres Denkens und Forschens in Büchern veröffentlicht haben, die im British Museum zu finden sind. Wo, wenn nicht in den Regalen des British Museum, ist die Wahrheit zu finden?, fragte ich mich und griff zu Notizbuch und Stift.

Derart ausgerüstet, derart zuversichtlich und wissensdurstig machte ich mich auf die Suche nach der Wahrheit. Der Tag, obwohl nicht wirklich regnerisch, war trist, und die Straßen rings um das Museum waren voller offener Kohlenschächte, in die säckeweise Kohle prasselte; vierrädrige Droschken fuhren vor und luden auf dem Gehweg verschnürte Kisten mit wahrscheinlich der gesamten Garderobe irgendeiner schweizerischen oder italienischen Familie ab, die auf der Suche nach Glück oder Zuflucht oder einer anderen begehrenswerten Sache war, die im Winter in den Pensionen von Bloomsbury zu finden ist. Die üblichen Männer mit den heiseren Stimmen zogen mit pflanzenbeladenen Karren durch die Straßen. Die einen brüllten, die anderen sangen. London war wie eine Fabrikhalle. London war wie eine Maschine. Wir alle wurden auf diesem einfachen Fundament hin und her geschoben, um eine Art Muster zu erzeugen. Das British Museum war nur ein weiterer Teil der Fabrik. Die Schwingen der Tür schwangen auf, und schon stand man unter der gewaltigen Kuppel, als wäre man ein Gedanke hinter der riesigen kahlen Stirn, die ein so glänzendes Band berühmter Namen trägt. Man ging zum Schalter, man nahm sich einen Zettel, man schlug einen Katalog auf und ..... die fünf Punkte hier stehen für fünf einzelne Minuten der Benommenheit, des Staunens und der Verwirrung. Haben Sie auch nur eine Ahnung, wie viele Bücher im Laufe eines Jahres über Frauen geschrieben werden? Haben Sie eine Ahnung, wie viele davon Männer geschrieben haben? Sind Sie sich dessen bewusst, dass Sie wahrscheinlich das meistdiskutierte Tier im gesamten Universum sind? Da war ich mit Notizbuch und Stift und dem Vorhaben hierhergekommen, den Vormittag lesend zu verbringen, in der Annahme, am Ende des Vormittags die Wahrheit in mein Notizbuch übertragen zu haben. Aber ich müsste eine Herde Elefanten sein, dachte ich, und eine Wildnis voller Spinnen, mich verzweifelt an jene Tiere haltend, die angeblich das längste Leben und die meisten Augen haben, um all das zu bewältigen. Ich bräuchte Klauen aus Stahl und einen Metallschnabel, um auch nur die Schale durchdringen zu können. Wie soll ich in diesen Massen von Papier je das Körnchen Wahrheit finden? Das fragte ich mich, während mein Blick verzweifelt die lange Liste der Bücher auf und ab wanderte. Schon die Titel gaben mir zu denken. Das Geschlecht und seine Natur mag sehr wohl Ärzte und Biologen anziehen, was aber überraschend und schwer erklärbar war, war die Tatsache, dass das Geschlecht – das heißt, die Frau – auch artige Essayisten anzieht, ausgefuchste Romanciers, junge Männer, die einen Studienabschluss haben, Männer, die keinen Studienabschluss haben, Männer, die keine erkennbare Qualifikation haben außer der, dass sie keine Frauen sind. Einige dieser Bücher waren dem

Anschein nach belanglos und bizarr, aber demgegenüber gab es viele ernste und prophetische, moralisierende und mahnende. Schon die Lektüre der Titel ließ einen daran denken, wie unzählige Schulmeister, unzählige Kleriker ihre Plattformen und Kanzeln erklommen und in einer Redseligkeit dozierten, die weit über die normalerweise einer Abhandlung zu einem solchen Thema zugestandene Stunde hinausging. Es war ein äußerst merkwürdiges Phänomen; und offenbar – hier schlug ich unter dem Buchstaben M nach – eines, das sich auf das männliche Geschlecht beschränkte. Frauen schrieben keine Bücher über Männer – eine Tatsache, die ich nicht umhinkonnte, erleichtert zu begrüßen, denn wenn ich zuerst alles hätte lesen sollen, was Männer über Frauen, und dann alles, was Frauen über Männer geschrieben haben, hätte die Aloe, die nur einmal alle hundert Jahre blüht, zweimal geblüht, ehe ich auch nur den Stift aufs Papier gesetzt hätte. Und so wählte ich vollkommen willkürlich etwa ein Dutzend Bände aus, gab meine Zettel für den Drahtkorb ab und wartete an meinem Platz, inmitten all der anderen, die auf der Suche nach dem ätherischen Öl der Wahrheit waren.

Was aber könnte der Grund für dieses merkwürdige Missverhältnis sein, fragte ich mich und zeichnete Wagenräder auf die vom britischen Steuerzahler für andere Zwecke zur Verfügung gestellten Zettel. Warum sind Frauen, diesem Katalog nach zu urteilen, für Männer so viel interessanter als Männer für Frauen? Eine sehr merkwürdige Sache, so schien es, und in Gedanken stellte ich mir das Leben von Männern vor, die ihre

Zeit damit verbrachten, über Frauen zu schreiben; ob sie alt oder jung waren, verheiratet oder unverheiratet, rotnasig oder bucklig – in jedem Fall war es schmeichelhaft, irgendwie, Gegenstand einer solchen Aufmerksamkeit zu sein, vorausgesetzt, sie wurde einem nicht ausschließlich von Gelähmten und Gebrechlichen zuteil – so grübelte ich, bis all diese albernen Gedanken durch eine Bücherlawine beendet wurden, die auf den Schreibtisch vor mir niederging. Hier begannen die Probleme. Der Student, der in Oxbridge für die Forschung ausgebildet wurde, verfügt sicherlich über eine Methode, seine Frage an allen Zerstreuungen vorbeizutreiben, bis sie in eine Antwort findet wie ein Schaf in seinen Pferch. Der Student neben mir beispielsweise, der emsig aus einem wissenschaftlichen Handbuch abschrieb, förderte, da war ich sicher, etwa alle zehn Minuten reine Klumpen des edlen Erzes zutage. Davon kündeten jedenfalls seine kleinen zufriedenen Grunzer. Wenn man aber bedauerlicherweise keine Universitätsausbildung genossen hat, stiebt die Frage, weit entfernt davon, in ihren Pferch getrieben zu werden, wie eine erschreckte Herde hierhin und dorthin, holterdiepolter, verfolgt von einer ganzen Hundemeute. Professoren, Lehrmeister, Soziologen, Kleriker, Romanciers, Essayisten, Journalisten, Männer, die keine Qualifikation haben, außer, dass sie keine Frauen sind, verfolgten meine eine einfache Frage – Warum sind Frauen arm? –, bis daraus fünfzig Fragen wurden; bis die fünfzig Fragen sich verzweifelt in die Mitte des Stroms stürzten und davongetragen wurden. Jede Seite meines Notizbuchs war vollgekritzelt. Um Ihnen meinen geistigen Zustand zu verdeutlichen, werde ich Ihnen einige Notizen vorlesen, wobei Sie wissen müssen, dass die Seite ganz schlicht mit FRAUEN UND ARMUT in Großbuchstaben überschrieben war; aber was folgte, war etwas wie:

Lebensverhältnisse im Mittelalter der,
Gewohnheiten auf den Fidschi-Inseln der,
Angebetet als Göttinnen von,
Schwächer in moralischer Hinsicht als,
Idealismus der,
Größeres Pflichtgefühl der,
Südseeinsulanerinnen, Beginn der Pubertät der,
Attraktivität der,
Als Opfer dargebracht von,
Kleinerer Gehirnumfang der,
Tieferes Unterbewusstsein der,
Weniger Körperbehaarung der,
Mentale, moralische und physische Unterlegenheit von,
Kinderliebe der,
Höhere Lebenserwartung der,
Weniger Muskelmasse der,
Stärke der Liebesfähigkeit der,
Eitelkeit der,
Höhere Bildung der,
Shakespeares Meinung über die,
Lord Birkenheads Meinung über die,
Dean Inges Meinung über die,
La Bruyères Meinung über die,

Dr. Johnsons Meinung über die,
Mr Oscar Brownings Meinung über die …

Hier holte ich Luft und ergänzte, aber nur am Rand: Warum sagt Samuel Butler: ›Weise Männer sagen nie, was sie über Frauen denken‹? Weise Männer reden offenbar über nichts anderes. Aber, fuhr ich fort, lehnte mich in meinem Stuhl zurück und sah zur gewaltigen Kuppel auf, unter der ich ein einzelner, aber inzwischen schon ziemlich gequälter Gedanke war, bedauerlich daran ist, dass weise Männer nie alle das Gleiche über Frauen denken. Hier ist Pope:

> Die meisten Frauen haben keinerlei Charakter.

Und hier ist La Bruyère:

> Frauen sind Extreme; sie sind besser oder schlechter als die Männer –[1]

ein direkter Widerspruch zweier scharfsinniger Beobachter, die Zeitgenossen waren. Sind Frauen zur Bildung fähig oder unfähig? Napoleon hielt sie für unfähig. Dr. Johnson dachte das Gegenteil.* Haben sie Seelen,

* »›Männer wissen, dass Frauen ihnen überlegen sind, und deshalb suchen sie sich die schwächsten oder die dümmsten aus. Wenn sie anders dächten, hätten sie keine Angst davor, dass Frauen genauso viel wissen, wie sie selbst.‹ … Aus Gerechtigkeit dem Geschlecht gegenüber halte ich es nur für ehrlich zu bekennen, dass er mir in einem weiteren Gespräch mitteilte, er habe ernst gemeint, was er sagte.« Boswell, *The Journal of a Tour to the Hebrides*

oder haben sie keine Seelen? Einige Wilde sagen, sie hätten keine. Andere hingegen bestehen darauf, dass Frauen zur Hälfte göttlich sind, und beten sie deswegen an.* Einige Weise behaupten, sie hätten einen seichteren Verstand, andere, sie hätten ein tieferes Bewusstsein. Goethe verehrte sie; Mussolini verachtete sie. Wohin man auch schaute, dachten Männer über Frauen nach und dachten unterschiedlich. Unmöglich, daraus schlau zu werden, beschloss ich und warf einen neidischen Blick auf den Leser nebenan, der die säuberlichsten Auszüge verfasste, die oft mit einem A oder einem B oder einem C überschrieben waren, während mein eigenes Notizbuch von wildestem Gekritzel widersprüchlicher Einträge nur so strotzte. Es war peinlich, es war verstörend, es war demütigend. Die Wahrheit war mir zwischen den Fingern zerronnen. Jeder Tropfen hatte sich verflüchtigt.

Ich konnte unmöglich nach Hause gehen, überlegte ich, und der Untersuchung von Frauen und Literatur ernsthaft den Beitrag hinzufügen, dass Frauen weniger Haare auf dem Körper haben als Männer oder dass die Pubertät bei den Südseeinsulanerinnen mit neun beginnt – oder ist es neunzig? –, selbst die Handschrift war in diesem Zustand der Verstörtheit schon unleserlich geworden.

Es war beschämend, nach der Arbeit eines ganzen Vormittags nichts Gewichtigeres oder Respektableres vorweisen zu können. Und wenn ich die Wahrheit über

* »Die alten Germanen glaubten, dass Frauen etwas Heiliges an sich hätten, und befragten sie deshalb als Orakel.« Frazer, *Golden Bough*

die Vergangenheit von F (wie ich sie der Kürze halber inzwischen nannte) nicht zu fassen bekam, wozu sich dann mit der Zukunft von F herumplagen? Es schien die reinste Zeitverschwendung zu sein, alle diese Herren zu befragen, die sich auf Frauen und ihre Wirkung auf was auch immer spezialisieren – auf Politik, Kinder, Gehälter, Moral –, zahlreich und fachkundig, wie sie sind. Man kann ihre Bücher genauso gut ungeöffnet lassen.

Aber während ich so vor mich hin dachte, hatte ich in meiner Verdrossenheit, in meiner Verzweiflung unbewusst eine Zeichnung angefertigt, statt, wie mein Nachbar, eine Schlussfolgerung an diese Stelle zu schreiben. Ich hatte ein Gesicht gezeichnet, eine Gestalt. Es waren Gesicht und Gestalt des Professors von X., während er sein monumentales Werk mit dem Titel *Die mentale, moralische und physische Unterlegenheit des weiblichen Geschlechts* verfasste. In meiner Zeichnung war er kein Mann, den Frauen anziehend gefunden hätten. Er war grobschlächtig, er hatte Hängebacken und zum Ausgleich sehr kleine Augen, und er war sehr rot im Gesicht. Sein Ausdruck suggerierte, dass er unter irgendeiner Gefühlswallung litt, die ihn mit dem Stift aufs Papier einstechen ließ, als tötete er beim Schreiben ein schädliches Insekt, aber auch, als er es getötet hatte, war er nicht zufrieden, er musste mit dem Töten weitermachen, und trotzdem gab es immer noch irgendeinen Grund zu Ärger und Zorn. Konnte es seine Frau sein, fragte ich mich und betrachtete meine Zeichnung. War sie in einen Kavallerieoffizier verliebt? War der Kavallerieoffizier schlank und elegant und in Lammfell gekleidet? War der

Professor, um die Freud'sche Theorie anzuwenden, in seiner Kinderwiege von einem hübschen Mädchen ausgelacht worden? Denn selbst in der Wiege konnte dieser Professor, dachte ich, kein anziehendes Kind gewesen sein. Was immer der Grund war, auf meiner Zeichnung sah der Professor sehr zornig und sehr hässlich aus, wie er da sein großartiges Buch über die mentale, moralische und physische Unterlegenheit der Frauen verfasste. Das Zeichnen war eine müßige Art, die ergebnislose Arbeit eines Vormittags zu beenden. Doch gerade in unserer Muße, in unseren Träumen geschieht es zuweilen, dass die untergründige Wahrheit an die Oberfläche dringt. Eine sehr einfache Übung in Psychologie, die die Bezeichnung Psychoanalyse nicht verdient, zeigte mir, als ich in mein Notizbuch sah, dass die Zeichnung des zornigen Professors im Zorn entstanden war. Der Zorn hatte sich meinen Stift geschnappt, während ich träumte. Aber was hatte Zorn hier zu suchen? Interesse, Verstörung, Amüsiertheit, Langeweile – alle diese Gefühle konnte ich nachvollziehen und benennen, wie sie im Laufe des Vormittags einander gefolgt waren. Hatte der Zorn, die schwarze Schlange, unter ihnen gelauert? Ja, sagte mir die Zeichnung, das hatte er. Sie verwies mich unmissverständlich auf das eine Buch, den einen Satz, der den Dämon geweckt hatte; es war die Behauptung des Professors über die mentale, moralische und physische Unterlegenheit der Frauen. Mein Herz hatte einen Aussetzer gemacht. Meine Wangen hatten gebrannt. Vor Zorn war ich rot geworden. Daran war nichts Bemerkenswertes, auch wenn es idiotisch war. Man bekommt nicht gerne gesagt, man wäre einem kleinen Mann von Natur aus unterlegen – ich schaute zum Studenten neben mir –, der schwer atmet, eine Krawatte mit Gummizug trägt und sich seit zwei Wochen nicht rasiert hat. Man hat gewisse alberne Eitelkeiten. Das liegt nur in der Natur des Menschen, dachte ich, und begann Wagenräder und Kreise über das zornige Gesicht des Professors zu malen, bis er aussah wie ein brennender Busch oder ein flammender Komet – jedenfalls wie eine Erscheinung ohne Ähnlichkeit zum Menschen oder seine signifikanten Merkmale. Der Professor war nun nichts weiter als ein Reisigbündel, das auf dem Hügel von Hampstead Heath brannte. So war mein eigener Zorn also bald erklärt und überwunden, aber die Neugier blieb. Wie ließ sich der Zorn der Professoren erklären? Warum waren sie zornig? Denn wenn es darum ging, zu analysieren, welchen Eindruck diese Bücher hinterlassen hatten, war eine Komponente immer die Hitze. Diese Hitze nahm viele Formen an; sie zeigte sich als Satire, als Empfindung, als Neugier, als Missbilligung. Aber es gab noch eine andere Komponente, die oft vorhanden war und nicht augenblicklich identifiziert werden konnte. Ich nannte sie Zorn. Aber es war ein Zorn, der abgetaucht war und sich mit allen möglichen anderen Gefühlen vermischt hatte. Seiner seltsamen Wirkung nach zu urteilen, war es ein getarnter und vielschichtiger Zorn, kein schlichter, offener.

Was immer der Grund sein mag, dachte ich und überflog den Stapel vor mir auf dem Tisch, all diese Bücher sind für meine Zwecke wertlos. Das heißt, sie waren in wissenschaftlicher Hinsicht wertlos, obwohl sie menschlich viel Lehrreiches, Interessantes, Langweiliges und viele sehr merkwürdige Fakten über die Gewohnheiten der Fidschi-Insulanerinnen enthielten. Sie waren im roten Licht der Gefühle geschrieben worden und nicht im weißen Licht der Wahrheit. Also mussten sie zum Hauptschalter zurückgebracht und wieder einsortiert werden, jedes in seine eigene Wabe innerhalb dieses riesigen Bienenstocks. Das Einzige, was mir die Arbeit dieses Vormittags eingebracht hatte, war die Tatsache dieses Zorns. Die Professoren – die ich somit in einen Topf warf – waren zornig. Warum aber, fragte ich mich, nachdem ich die Bücher zurückgegeben hatte, warum, wiederholte ich, als ich im Säulengang zwischen den Tauben und den prähistorischen Kanus stand, warum sind sie zornig? Und mit dieser Frage im Kopf schlenderte ich davon, auf der Suche nach einem Ort zum Mittagessen. Was ist die wahre Natur dessen, was ich vorerst Zorn nenne?, fragte ich mich. Das war ein Rätsel, das all die Zeit in Anspruch nehmen würde, die es in einem kleinen Restaurant irgendwo in der Nähe des British Museum dauert, bis das Essen serviert wird. Ein früherer Gast hatte die Mittagsausgabe der Abendzeitung auf einem Stuhl liegen lassen, und während ich darauf wartete, bedient zu werden, warf ich einen Blick auf die Schlagzeilen. Ein Band aus sehr großen Buchstaben zog sich über die Seite. Jemand hatte in Südafrika einen großen Gewinn gemacht. Kleinere Buchstabenbänder verkündeten, dass Sir Austen Chamberlain in Genf war. In einem Keller hatte man ein Schlachtbeil mit Menschenhaar gefunden. Herr Richter – gab vor dem Scheidungsgericht einen Kommentar über die Schamlosigkeit von Frauen ab. Weitere Nachrichtenfetzen waren über die Zeitung verstreut. Eine Filmschauspielerin war von einem Berggipfel in Kalifornien abgeseilt und freischwebend mitten in der Luft hängen gelassen worden. Das Wetter würde neblig werden. Nicht einmal der flüchtigste Besucher dieses Planeten, dachte ich, der diese Zeitung nahm, konnte umhin, anhand dieses Zeugnisses, so zerstückelt es auch war, zu bemerken, dass England unter der Herrschaft eines Patriarchats steht. Niemand, der bei Verstand war, konnte umhin, die Überlegenheit des Professors wahrzunehmen. Er hatte die Macht und das Geld und den Einfluss. Er war der Eigentümer der Zeitung und ihr Herausgeber und Mitherausgeber. Er war der Außenminister und der Richter. Er war der Kricketspieler, ihm gehörten die Rennpferde und die Jachten. Er war der Direktor der Firma, die seinen Aktionären zweihundert Prozent auszahlt. Er vermachte Millionen an Wohltätigkeitsorganisationen und Colleges, über die er herrschte. Er ließ die Filmschauspielerin mitten in der Luft hängen. Er wird entscheiden, ob das Haar am Schlachtbeil von Menschen stammt, er ist es, der den Mörder freisprechen oder verurteilen, ihn hängen oder freilassen wird. Mit Ausnahme des Nebels schien er alles zu kontrollieren. Und doch war er zornig. Dass er zornig war, erkannte ich aus folgendem Grund. Als ich las, was er über Frauen schrieb, dachte ich nicht an das, was er sagte, sondern an ihn. Trägt jemand seine Argumente unvoreingenommen vor, denkt er ausschließlich an die Argumente; und die Leser können nicht anders, als ebenfalls an die Argumente zu denken. Hätte er unvoreingenommen über Frauen geschrieben, hätte er unumstößliche Beweise gefunden, um seine Argumente zu begründen, und nicht die Spur des Wunsches gezeigt, lieber zu dem einen, als zu dem anderen Ergebnis zu kommen, wäre man selbst ebenfalls nicht zornig gewesen. Man hätte die Tatsache akzeptiert, wie man es akzeptiert, dass die Erbse grün oder der Kanarienvogel gelb ist. Einverstanden, hätte ich gesagt. Aber ich war zornig geworden, weil er zornig war. Und doch schien es absurd, dass ein Mann mit so viel Macht zornig sein sollte, dachte ich und schlug die Abendzeitung um. Oder ist der Zorn, fragte ich mich, irgendwie ein dieser Macht dienender, zu ihr gehörender Kobold? Reiche Leute sind beispielsweise oft zornig, weil sie argwöhnen, die Armen würden sich an ihrem Reichtum vergreifen. Die Professoren oder Patriarchen, was ein passenderer Name für sie wäre, mögen teilweise aus diesem Grund zornig sein, aber teilweise liegt der Grund auch etwas weniger sichtbar an der Oberfläche. Möglicherweise waren sie überhaupt nicht ›zornig‹; in ihren privaten Beziehungen konnten sie durchaus respektvoll, hingebungsvoll, beispielhaft sein. Wenn der Professor etwas zu nachdrücklich auf der Unterlegenheit der Frauen bestand, ging es ihm möglicherweise nicht um ihre Unterlegenheit, sondern um seine Überlegenheit. Das war es, was er eher hitzköpfig und mit zu viel Emphase beschützte, denn diese Überlegenheit war für ihn ein äußerst kostbares Juwel. Das Leben ist für beide Geschlechter – und ich schaute sie mir an, wie sie sich ihren Weg über den Bürgersteig bahnten – beschwerlich, schwierig, ein unablässiger Kampf. Es erfordert gewaltigen Mut und gewaltige Stärke. Mehr als alles fordert es von uns Wesen der Einbildung, die wir nun mal sind, vielleicht Vertrauen in uns selbst. Ohne Selbstvertrauen sind wir wie Säuglinge in der Wiege. Und wie können wir diese unwägbare und doch so unschätzbare Eigenschaft am schnellsten hervorrufen? Indem wir denken, dass andere Menschen uns unterlegen sind. Indem wir das Gefühl haben, irgendeine angeborene Überlegenheit anderen gegenüber zu besitzen – mag es mit Reichtum oder Rang, einer geraden Nase oder dem von George Romney porträtierten Großvater begründet werden –, denn den erbärmlichen Krücken der menschlichen Einbildung sind keine Grenzen gesetzt. Daher die enorme Wichtigkeit für einen Patriarchen, der erobern, der regieren muss, das Gefühl zu haben, eine große Anzahl von Menschen, im Grunde die Hälfte der Menschheit, wäre ihm von Natur aus unterlegen. Wahrscheinlich ist das wirklich eine der Hauptquellen seiner Macht. Aber richten wir das Licht dieser Beobachtung auf das wirkliche Leben, dachte ich. Hilft es, einige der psychologischen Rätsel zu erklären, die man am Rande des täglichen Lebens zur Kenntnis nimmt? Erklärt es mein Erstaunen darüber, dass Z, der menschenfreundlichste, bescheidenste aller Männer, neulich ein Buch von Rebecca West zur Hand nahm, einen Absatz las und ausrief: ›Diese dreiste Feministin! Sie sagt, dass Männer

Snobs sind!‹[2] Dieser für mich so überraschende Ausruf – denn warum war Rebecca West wegen einer möglicherweise richtigen, wenn auch wenig schmeichelhaften Behauptung über das andere Geschlecht eine dreiste Feministin? – war nicht einfach ein Aufschrei verletzter Eitelkeit; es war ein Protest gegen einen Angriff auf sein Vermögen, an sich selbst zu glauben. Frauen haben in all diesen Jahrhunderten als Spiegel gedient, ausgestattet mit der magischen und köstlichen Kraft, die Gestalt des Mannes doppelt so groß wiederzugeben. Ohne diese Kraft wäre die Erde sicher noch Sumpf und Dschungel. Die Ruhmestaten all unserer Kriege wären unbekannt. Wir würden noch immer die Umrisse von Hirschen in die Überbleibsel von Hammelknochen ritzen und Feuersteine gegen Schafshaut oder irgendeine andere schlichte Zierde eintauschen, die unseren primitiven Geschmack anspricht. Übermenschen und Zeigefinger des Schicksals hätte es nie gegeben. Der Zar und der Kaiser hätten nie die Krone getragen oder verloren. Welchen Nutzen Spiegel in zivilisierten Gesellschaften auch haben mögen, für jede gewalttätige und heroische Tat sind sie unabdingbar. Deshalb bestehen Napoleon und Mussolini so emphatisch auf der Unterlegenheit der Frauen, denn wären sie nicht unterlegen, würden sie nicht länger vergrößern. Das erklärt zum Teil, warum Frauen für Männer oft so unverzichtbar sind. Und es erklärt, warum ihre Kritik auf Männer so beunruhigend wirkt und warum es so unmöglich für sie ist, ihnen zu sagen, dieses Buch ist schlecht, dieses Gemälde schwach, oder was auch immer, ohne weitaus mehr Schmerz zu verursachen und weitaus mehr Zorn auszulösen, als ein Mann es täte, der solche Kritik äußerte. Denn wenn sie anfängt, die Wahrheit zu sagen, schrumpft die Gestalt im Spiegel; verringert sich seine Lebenstauglichkeit. Wie soll er weiter Urteile verkünden, Eingeborene zähmen, Gesetze machen, Bücher schreiben, sich in Schale werfen und auf Banketten Reden schwingen, wenn er sich zum Frühstück und zum Abendbrot nicht wenigstens doppelt so groß sehen kann, als er in Wirklichkeit ist? So dachte ich vor mich hin, zerkrümelte mein Brot, rührte im Kaffee und schaute hin und wieder die Menschen auf der Straße an. Das Abbild im Spiegel ist von höchster Wichtigkeit, weil es die Lebenskraft auflädt, das Nervensystem stimuliert. Nimm es weg, und der Mann könnte sterben wie der Drogensüchtige, dem das Kokain entzogen wird. Unter dem Bann dieser Einbildung, dachte ich mit Blick aus dem Fenster, schreitet die Hälfte der Menschen auf dem Bürgersteig zur Arbeit. Unter ihren angenehmen Strahlen greifen sie am Morgen zu Mänteln und Hüten. Sie beginnen den Tag selbstsicher, zuversichtlich, glauben, auf Miss Smiths Teegesellschaft erwünscht zu sein; während sie das Zimmer betreten, sagen sie sich, ich bin der Hälfte der Menschen hier überlegen, und deshalb sprechen sie voller Selbstvertrauen, voller Selbstgewissheit, was so tiefgreifende Folgen für das öffentliche Leben gehabt und zu so seltsamen Randnotizen im privaten Denken geführt hat.

Aber diese Beiträge zu dem gefährlichen und faszinierenden Thema der Psychologie des anderen Geschlechts – eines, das Sie hoffentlich untersuchen werden, wenn Sie selbst fünfhundert im Jahr verdienen – wurden davon unterbrochen, dass ich zahlen musste. Die Rechnung belief sich auf fünf Shilling und neun Pence. Ich gab dem Kellner einen Zehn-Shilling-Schein, und er ging, um Wechselgeld zu holen. In meinem Portemonnaie war noch ein weiterer Zehn-Shilling-Schein, ich bemerkte ihn, weil mir diese Tatsache immer noch den Atem verschlägt – die Fähigkeit meines Portemonnaies, automatisch Zehn-Shilling-Scheine zu produzieren. Ich mache es auf, und da sind sie. Die Gesellschaft versorgt mich mit Hühnchen und Kaffee, einem Bett und einem Dach über dem Kopf im Tausch für eine bestimmte Anzahl von Scheinen aus Papier, die meine Tante mir aus keinem anderen Grund hinterlassen hat, als dass wir denselben Namen tragen.

Meine Tante Mary Beton starb, das muss ich Ihnen erzählen, durch einen Sturz vom Pferd, als sie in Bombay ausritt, um Luft zu schöpfen. Die Nachricht meiner Erbschaft erreichte mich eines Abends etwa zur selben Zeit, als das Gesetz zum Wahlrecht der Frauen verabschiedet wurde. Der Brief eines Anwalts landete im Briefkasten, und als ich ihn öffnete, stellte ich fest, dass sie mir auf Lebenszeit fünfhundert Pfund im Jahr hinterlassen hatte. Von beidem – dem Wahlrecht und dem Geld – erschien das Geld, muss ich gestehen, unendlich viel wichtiger. Zuvor hatte ich mir meinen Lebensunterhalt damit verdient, Gelegenheitsjobs bei Zeitungen zu ergattern, über eine Eselsshow hier, eine Hochzeit da zu berichten; ich hatte ein paar Pfund damit verdient, Briefumschläge zu adressieren, alten Damen vorzulesen, Kunstblumen herzustellen, kleinen Kindern in einem Kindergarten das Alphabet beizubringen. Das waren im Wesentlichen die Beschäftigungen, die Frauen vor 1918 offenstanden. Ich fürchte, ich muss Ihnen nicht im Detail beschreiben, wie hart diese Arbeit ist, denn wahrscheinlich kennen Sie Frauen, die sie verrichtet haben; auch muss ich Ihnen die Schwierigkeiten nicht beschreiben, mit dem Geld auszukommen, das man verdient hat, denn das haben Sie vielleicht versucht. Aber was mir bis heute am schlimmsten zusetzt, ist das Gift der Angst und der Verbitterung, das jene Zeit in mir erzeugt hat. Angefangen damit, immer eine Arbeit zu verrichten, die man nicht verrichten will, und sie wie eine Sklavin zu verrichten, schmeichelnd und schwanzwedelnd, vielleicht nicht immer notwendigerweise, aber es schien notwendig, und um Risiken einzugehen, stand zu viel auf dem Spiel, und als Nächstes der Gedanke, diese eine Begabung, die zu verstecken den Tod bedeutete – eine kleine, aber von großer Bedeutung für die Besitzerin –, könnte zugrunde gehen und mit ihr mein Ich, meine Seele – all das wurde wie Rost, der sich in die Blüte des Frühlings frisst, den Baum in seinem Mark zerstört. Jedenfalls starb, wie gesagt, meine Tante; und wann immer ich einen Zehn-Shilling-Schein wechsle, reiben sich Rost und Korrosion ein bisschen ab, Angst und Verbitterung verschwinden. Es ist tatsächlich bemerkenswert, dachte ich in Erinnerung an die Verbitterung jener Zeit, während ich die Münzen in mein Portemonnaie steckte, wie sehr ein festes Einkommen die Laune verändert. Keine Macht der Welt kann mir meine fünfhundert Pfund nehmen. Nahrung, Haus und Kleidung sind für immer mein. Und so lassen nicht nur Mühe und Anstrengung nach, sondern auch Hass und Verbitterung. Ich brauche keinen Mann zu hassen; er kann mir nichts zuleide tun. Ich brauche keinem Mann zu schmeicheln; er hat nichts, was er mir geben könnte. So nahm ich unmerklich eine neue Haltung gegenüber der anderen Hälfte der Menschheit an. Es war absurd, irgendeiner Klasse oder einem Geschlecht als Ganzem die Schuld zu geben. Große Menschengruppen sind nie verantwortlich für das, was sie tun. Sie werden von Instinkten getrieben, die außerhalb ihrer Kontrolle liegen. Auch sie, die Patriarchen, die Professoren, hatten mit endlosen Schwierigkeiten, schrecklichen Nachteilen zu kämpfen. Auf gewisse Weise war ihre Ausbildung ebenso mangelhaft gewesen wie meine. Sie hatte in ihnen ebenso große Schäden angerichtet. Stimmt, sie besaßen Geld und Macht, aber nur um den Preis eines Adlers, den sie in ihrer Brust beherbergten, eines Geiers, der auf Lebenszeit ihre Leber herausreißt, auf ihre Lungen einhackt – der Besitztrieb, die Gier nach Eigentum, die sie dazu treibt, fortwährend anderer Leute Land und Güter zu begehren; Grenzen zu ziehen und Fahnen zu hissen, Schlachtschiffe und Giftgas herzustellen; ihr eigenes Leben und das ihrer Kinder zu opfern. Gehen Sie durch den Admirality Arch (ich war vor diesem Denkmal angelangt) oder durch jede andere Allee mit Trophäen und Kanonen und denken Sie darüber nach, welcher Ruhm hier gefeiert wird. Oder beobachten Sie in der Frühlingssonne, wie der Börsenmakler und der große Anwalt das Gebäude betreten, um mehr und mehr und noch mehr Geld zu verdienen, obwohl doch erwiesen ist, dass fünfhundert Pfund im Jahr ein Leben im Sonnenschein ermöglichen. Solche Instinkte zu hegen, muss unangenehm sein, dachte ich. Sie werden von den Lebensbedingungen hervorgebracht; vom Mangel an Kultur, dachte ich, und betrachtete das Standbild des Dukes von Cambridge und besonders die Federn an seinem Dreispitz, mit einer Genauigkeit, die ihnen kaum jemals zuteilgeworden ist. Und während mir diese Nachteile immer klarer zu Bewusstsein kamen, wurden aus Angst und Bitterkeit Mitleid und Nachsicht; und dann, innerhalb von ein oder zwei Jahren, verschwanden auch Mitleid und Nachsicht, und die größte Befreiung von allem setzte ein, die Freiheit, über die Dinge an sich nachzudenken. Dieses Gebäude zum Beispiel; gefällt es mir oder nicht? Ist dieses Gemälde schön oder nicht? Ist dieses Buch meiner Meinung nach ein gutes oder ein schlechtes? Die Erbschaft meiner Tante enthüllte mir tatsächlich den Himmel und setzte an die Stelle der großen und achtunggebietenden Gestalt eines Herrn, den Milton mir zu unaufhörlicher Anbetung empfohlen hatte, den Anblick dieses offenen Himmels.

Mit diesen Gedanken, diesen Überlegungen kehrte ich zurück zu meinem Haus am Fluss. Lampen wurden angezündet, und eine unbeschreibliche Veränderung war seit den Morgenstunden über London gekommen. Als hätte die große Maschine nach einem ganzen Tag Arbeit und mit unserer Hilfe einige Meter von etwas sehr Aufregendem und Schönem hergestellt – ein feuriges Gewebe mit funkelnden roten Augen, ein lohfarbenes Ungeheuer, das mit heißem Atem brüllte. Selbst der Wind schien wie eine Fahne zu flattern, wenn er gegen die Häuser peitschte und an den Zäunen rüttelte.

In meiner kleinen Straße überwog jedoch das häusliche Leben. Der Anstreicher stieg von seiner Leiter; das Kindermädchen schob den Kinderwagen behutsam hinaus und wieder hinein zum Tee; der Kohlenträger legte die leeren Säcke zusammengefaltet übereinander; die Frau, die den Gemüseladen führte, zählte die Einnahmen des Tages, die Hände in roten Handschuhen. Aber ich war so beansprucht von dem Problem, das Sie mir aufgeladen haben, dass ich auch diese alltäglichen Dinge nicht sehen konnte, ohne sie auf den einen Kern zu beziehen. Ich dachte, wie viel schwieriger es jetzt ist, als es noch vor einem Jahrhundert gewesen sein muss, zu beurteilen, welche dieser Beschäftigungen die höhere, die wichtigere ist. Ist es besser, ein Kohlenträger oder ein Kindermädchen zu sein; ist die Putzfrau, die acht Kinder großgezogen hat, weniger wertvoll für die Welt als der Anwalt, der hunderttausend Pfund verdient hat? Es ist sinnlos, solche Fragen zu stellen; denn niemand kann sie beantworten. Nicht nur, dass die Vergleichswerte von Putzfrauen und Anwälten von Jahrzehnt zu Jahrzehnt steigen und fallen, uns fehlen selbst in der Gegenwart die Maßstäbe, anhand derer wir sie messen könnten. Es war dumm von mir, meinen Professor zu bitten, mir ›unumstößliche Beweise‹ für diese oder jene seiner Behauptungen über Frauen zu liefern. Selbst wenn man den gegenwärtigen Wert irgendeiner

Begabung bestimmen könnte, werden sich diese Werte verändern; innerhalb eines Jahrhunderts werden sie sich mit großer Wahrscheinlichkeit vollkommen verändert haben. In hundert Jahren, dachte ich, als ich vor meinem Haus ankam, werden Frauen auch nicht länger das beschützte Geschlecht sein. Sie werden logischerweise an all den Tätigkeiten und Mühen beteiligt sein, die ihnen einst verweigert wurden. Das Kindermädchen wird Kohlen schleppen. Die Gemüsefrau wird eine Lokomotive steuern. Alle Annahmen, die aus den Tatsachen geschlossen wurden, als Frauen das beschützte Geschlecht waren, werden verschwunden sein – wie beispielsweise (hier marschierte ein Trupp Soldaten die Straße hinunter) die Annahme, dass Frauen und Kleriker und Gärtner länger leben als andere Menschen. Man entferne den Schutz, setze sie denselben Mühen und Tätigkeiten aus, mache sie zu Soldaten und Matrosen und Lokomotivführern und Hafenarbeitern; werden Frauen dann nicht in viel jüngeren Jahren und viel schneller sterben als Männer, sodass man sagen wird: ›Ich habe heute eine Frau gesehen‹, wie man früher einmal sagte: ›Ich habe heute einen Aeroplan gesehen‹? Alles Mögliche kann geschehen, wenn es keine geschützte Beschäftigung mehr ist, Frau zu sein, dachte ich und öffnete die Tür. Aber welche Bedeutung hat das alles für das Thema meines Vortrags, Frauen und Literatur?, fragte ich mich und ging ins Haus.

Kapitel 3

Es war enttäuschend, am Abend keine wichtige Feststellung, keine wirkliche Tatsache mit nach Hause gebracht zu haben. Frauen sind ärmer als Männer, weil – dies oder das. Vielleicht wäre es besser, die Suche nach der Wahrheit jetzt aufzugeben, die nur eine Lawine von Meinungen, heiß wie Lava, ausgelaugt wie Spülwasser über dem Kopf entlädt. Es wäre besser, die Vorhänge zuzuziehen, jede Ablenkung auszuschließen, die Lampe anzumachen, die Nachforschungen einzugrenzen und den Historiker zu fragen, der keine Meinungen, sondern Fakten erfasst, unter welchen Bedingungen Frauen lebten, nicht im Laufe der Jahrhunderte, sondern in England, sagen wir, zur Zeit Elizabeths.

Denn es bleibt ein ewiges Rätsel, warum nicht ein Wort dieser außerordentlichen Literatur von einer Frau geschrieben wurde, wo doch jeder zweite Mann, wie es schien, zu Lied oder Sonett imstande war. Unter welchen Bedingungen lebten Frauen, fragte ich mich, denn Dichtung, also Fantasie erfordernde Arbeit, fällt nicht wie ein Kiesel zu Boden, wie die Wissenschaft vielleicht; Dichtung ist wie ein Spinnennetz, möglicherweise nur ganz lose, aber doch an allen vier Ecken mit dem Leben verknüpft. Oft ist die Verknüpfung kaum wahrnehmbar; Shakespeares Dramen scheinen komplett allein dazuhängen. Aber wenn das Netz verrutscht, sich an einer Ecke verhakt oder in der Mitte reißt, fällt einem ein, dass diese Netze nicht im luftleeren Raum von körperlosen Wesen gesponnen wurden, sondern die Arbeit leidender menschlicher Wesen sind, verknüpft mit grob materiellen Dingen wie Gesundheit und Geld und den Häusern, in denen wir leben.

Also ging ich an das Regal, wo die Geschichtsbände standen, und nahm einen der jüngsten herunter, Professor Trevelyans[1] *History of England*. Wieder schlug ich unter ›Frauen‹ nach, fand ›Stellung der‹ und schlug die angegebenen Seiten auf. »Das Verprügeln der Frau«, las ich, »war ein anerkanntes Recht des Mannes und wurde ohne Scham von Hoch und Niedrig gleichermaßen praktiziert ... Ebenso«, fährt der Historiker fort, »musste die Tochter, die sich weigerte, den von ihren Eltern ausgewählten Herrn zu heiraten, damit rechnen, eingesperrt, geschlagen und durchs Zimmer geschleudert zu werden, ohne dass dies in der Öffentlichkeit für einen Schock gesorgt hätte. Die Ehe war keine Angelegenheit persönlicher Zuneigung, sondern eine der familiären Habsucht, besonders in der ›ritterlichen‹ Oberschicht ... Verlobungen fanden oft schon statt, wenn eine oder beide Parteien noch in der Wiege lagen, und Heiraten, wenn sie kaum der Obhut des Kindermädchens entwachsen waren.« Das war um 1470, kurz nach Chaucers Zeit. Der nächste Hinweis auf die Stellung der Frau findet sich etwa zweihundert Jahre später, zur Zeit der Stuarts. »Für Frauen der Ober- und Mittelschicht war es immer noch die Ausnahme, sich den

Ehemann selbst zu wählen, und sobald auserkoren, war der Ehemann Herr und Gebieter, jedenfalls soweit Gesetz und Brauch es ihm erlaubten. Dennoch«, schließt Professor Trevelyan, »scheint es weder Shakespeares Frauen noch den Frauen aus den verbürgten Memoiren des siebzehnten Jahrhunderts wie den Vereys oder den Hutchinsons an Persönlichkeit und Charakter zu mangeln.« Sicher hatte Kleopatra, wenn man es bedenkt, etwas Besonderes an sich, Lady Macbeth, würde man vermuten, hatte einen eigenen Willen, Rosalind, könnte man folgern, war ein attraktives Mädchen. Professor Trevelyan hat ganz recht, wenn er anmerkt, dass es Shakespeares Frauen nicht an Persönlichkeit und Charakter mangelt. Ohne ein Historiker zu sein, könnte man sogar noch weitergehen und sagen, dass Frauen seit Urzeiten in allen Werken aller Dichter wie Leuchtfeuer gebrannt haben – Klytemnestra, Antigone, Kleopatra, Lady Macbeth, Phèdre, Cressida, Rosalind, Desdemona, die Herzogin von Malfi bei den Dramatikern; dann bei den Prosaautoren: Millamant, Clarissa, Becky Sharp, Anna Karenina, Emma Bovary, Madame de Guermantes – die Namen strömen nur so in den Kopf und lassen nicht an Frauen denken, denen es »an Persönlichkeit und Charakter mangelt«. Mehr noch, wenn es die Frau nirgendwo anders geben würde als in der von Männern geschriebenen Literatur, würde man sie sich als jemanden von allerhöchster Bedeutung vorstellen, ganz unterschiedlich, heldenhaft und böse, brillant und schäbig, unendlich schön und extrem hässlich, so groß wie ein Mann, manche glauben, sogar größer.* Aber das ist die Frau in der Literatur. In der Wirklichkeit, wie Professor Trevelyan ausführt, wurde sie eingesperrt, geschlagen und durchs Zimmer geschleudert.

So entsteht ein sehr eigenartiges, zusammengeflicktes Wesen. In der Fantasie ist sie von höchster Wichtigkeit, praktisch ist sie völlig unbedeutend. In der Poesie füllt sie Bände, in der Geschichte kommt sie nicht vor. In der Dichtung herrscht sie über das Leben von Königen und Eroberern, tatsächlich war sie die Sklavin jedes Jungen, dessen Eltern ihr einen Ring an den Finger zwangen. Einige der genialsten Worte, einige der tiefgründigsten Gedanken der Literatur kommen ihr über die Lippen,

* »Es bleibt eine seltsame und beinahe unerklärliche Tatsache, dass in der Stadt Athen, wo Frauen in beinahe orientalischer Unterdrückung als Odalisken oder Sklavinnen gehalten wurden, die Bühne dennoch Figuren wie Klytemnestra und Kassandra, Atossa und Antigone, Phèdre und Medea und all die anderen Heldinnen hervorbrachte, die die Theaterstücke des ›Frauenfeindes‹ Euripides beherrschen. Aber das Paradox dieser Welt, in der eine ehrbare Frau sich kaum allein auf der Straße blicken lassen durfte, während die Frau auf der Bühne dem Mann gleichkam oder ihn noch übertraf, ist nie zufriedenstellend erklärt worden. In der modernen Tragödie gibt es die gleiche Dominanz. Jedenfalls genügt eine sehr kursorische Betrachtung von Shakespeares Werk (ähnlich wie bei Webster, dagegen nicht bei Marlowe oder Johnson), um zu erkennen, wie sich diese Überlegenheit, diese Antriebskraft von Frauen von Rosalind bis Lady Macbeth fortschreibt. So auch bei Racine, sechs seiner Tragödien sind nach ihren Heldinnen benannt, und welche seiner männlichen Helden sollen wir Hermione und Andromaque, Bérénice und Roxane, Phèdre und Athalie gegenüberstellen? Das Gleiche bei Ibsen, welche Männer sollen wir mit Solveig und Nora, Hedda und Hilda Wangel und Rebecca West vergleichen?« F. L. Lucas, *Tragedy*, S. 114–115

im wirklichen Leben konnte sie kaum lesen, geschweige denn buchstabieren und war Eigentum ihres Mannes.

Das war schon ein sonderbares Monstrum, das man sich da zusammenreimte, wenn man zuerst die Historiker, dann die Dichter las – ein Wurm mit Adlerflügeln, der lebendige und schöne Geist, der in der Küche Rindertalg schneidet. Aber solche Monstren, sosehr sie die Fantasie anregen, gibt es in Wirklichkeit nicht. Um die Frau lebendig werden zu lassen, muss man gleichzeitig poetisch und prosaisch denken, also mit den Fakten in Verbindung bleiben – dass es sich um Mrs Martin handelt, sechsunddreißig Jahre alt, blau gekleidet mit einem schwarzen Hut und braunen Schuhen; aber ohne dabei die Dichtung aus den Augen zu verlieren – dass sie ein Gefäß ist, unablässig durchströmt von allen möglichen Geistern und Kräften, die darin aufblitzen. Versucht man jedoch, diese Methode auf die elisabethanische Frau anzuwenden, fällt ein Teil der Beleuchtung aus, der Mangel an Fakten lässt einen im Dunkeln tappen. Man weiß nichts Genaues, nichts wirklich Wahres oder Substanzielles über sie.

Die Geschichte erwähnt sie kaum. Und wieder wandte ich mich an Professor Trevelyan, um zu erfahren, was er unter Geschichte verstand. Den Kapitelüberschriften zufolge verstand er darunter:

»Das Herrenhaus und die Methoden der Gewannflur ... die Zisterzienser und die Schafzucht ... Die Kreuzzüge ... Die Universität ... Das Unterhaus ... Der Hundertjährige Krieg ... Die Rosenkriege ... Die Gelehrten der Renaissance ... Die Auflösung der Klöster … Bauernaufstände und religiöse Unruhen … Der Ursprung der englischen Seemacht … Die Armada …« und so weiter. Gelegentlich wird eine einzelne Frau erwähnt, eine Elizabeth oder Mary, eine Königin oder eine Dame von Adel. Aber Frauen der Mittelschicht, die über nichts als Verstand und Charakter verfügten, konnten auf gar keinen Fall an irgendeiner der großen Bewegungen teilgenommen haben, die zusammen die Sicht des Historikers auf die Vergangenheit begründeten. Auch werden wir sie in keiner Anekdotensammlung finden. John Aubrey erwähnt sie in seinem Buch über berühmte Persönlichkeiten kaum. Sie schreibt nie über ihr Leben und führt selten Tagebuch, nur eine Handvoll Briefe existieren. Sie hinterließ keine Theaterstücke oder Gedichte, anhand derer wir sie beurteilen könnten. Was man sich wünscht, dachte ich – und warum könnte eine herausragende Studentin an Newnham oder Girton sie nicht zur Verfügung stellen? –, ist eine große Menge an Informationen; in welchem Alter heiratete sie; wie viele Kinder hatte sie in der Regel; wie sah ihr Haus aus, hatte sie ein Zimmer für sich; war sie es, die kochte; war es denkbar, dass sie ein Dienstmädchen hatte? Irgendwo gibt es vermutlich alle diese Fakten, in Kirchenregistern und Haushaltsbüchern; das Leben der durchschnittlichen elisabethanischen Frau muss irgendwo verstreut sein, könnte man es nur einsammeln und ein Buch daraus machen. Es wäre kühner, als ich es zu sein wage, dachte ich und suchte in den Regalen nach Büchern, die es nicht gab, wenn ich den Studentinnen jener berühmten Colleges vorschlagen würde, die Geschichte umzuschreiben, obwohl ich zugeben muss, dass es oft ein wenig seltsam anmutet, unwirklich, einseitig; aber warum sollen sie der Geschichte keine Ergänzung hinzufügen, natürlich unter einem unauffälligen Titel, sodass Frauen dort ohne Verletzung des Anstands eine Rolle spielen könnten. Denn oft erhascht man in den Lebensberichten der Großen einen Blick auf sie, wie sie gerade im Hintergrund verschwinden und, denke ich manchmal, ein Augenzwinkern, ein Lachen, vielleicht eine Träne verbergen. Und außerdem haben wir genug Lebensberichte von Jane Austen, und es scheint kaum nötig, noch einmal den Einfluss der Tragödien von Joanna Baillie auf die Dichtung Edgar Allen Poes zu betrachten, und von mir aus könnten die Häuser und Wohnräume von Mary Russell Mitford der Öffentlichkeit mindestens ein Jahrhundert lang verschlossen bleiben. Allerdings finde ich es beklagenswert, fuhr ich fort und ging erneut die Bücherregale durch, dass über Frauen vor dem achtzehnten Jahrhundert nichts bekannt ist. Ich habe kein Vorbild im Kopf, das ich hin und her wenden könnte. Da frage ich, warum Frauen im elisabethanischen Zeitalter keine Gedichte schrieben, und bin nicht einmal sicher, wie sie unterrichtet wurden, ob sie schreiben lernten, ob sie ein eigenes Wohnzimmer hatten, wie viele Frauen Kinder bekamen, bevor sie einundzwanzig wurden, was sie, kurz gesagt, zwischen acht Uhr morgens und acht Uhr abends taten. Ganz offensichtlich hatten sie kein Geld, Professor Trevelyan zufolge wurden sie, ob sie wollten oder nicht, verheiratet, ehe sie der Kinderstube entwachsen waren, höchstwahrscheinlich mit fünfzehn oder sechzehn. Ich kam zu dem Schluss, dass es, vor allem nach dieser Darstellung, sehr seltsam gewesen wäre, hätte eine von ihnen auf einmal die Dramen Shakespeares geschrieben, und dachte an jenen alten Herren, der mittlerweile tot ist, aber ein Bischof war, glaube ich, der erklärte, dass es einer Frau früher, heute oder in Zukunft nicht möglich sei, das Genie eines Shakespeare zu besitzen. So schrieb er das in den Zeitungen. Außerdem erklärte er einer alten Dame, die ihn um Auskunft gebeten hatte, dass Katzen keinesfalls in den Himmel kämen, obwohl sie, ergänzte er, eine Art Seele hätten. Wie viel Nachdenken diese alten Herren einem damals doch erspart haben! Wie die Grenzen der Unwissenheit zurückwichen, sobald sie sich näherten! Katzen kommen nicht in den Himmel. Frauen können nicht Shakespeares Dramen schreiben.

Wie dem auch sei, als ich die Werke Shakespeares im Regal betrachtete, konnte ich nicht anders, als dem Bischof in einem recht zu geben; einer Frau wäre es vollkommen und gänzlich unmöglich gewesen, die Dramen Shakespeares zu Zeiten Shakespeares zu schreiben. Gestatten Sie mir, da an Fakten so schwer heranzukommen ist, einmal die Vorstellung, was geschehen wäre, hätte Shakespeare eine wunderbar begabte Schwester gehabt mit, sagen wir, dem Namen Judith. Shakespeare selbst ging sehr wahrscheinlich – seine Mutter hatte geerbt – auf die Lateinschule, wo er Latein – Ovid, Virgil und Horaz – sowie die Grundlagen der Grammatik und der Logik gelernt haben wird. Er war, das ist bekannt, ein wilder Junge, der Kaninchen stahl, vielleicht ein Reh erlegte und, früher, als er sollte, eine Frau aus der Nachbarschaft geheiratet hatte, die ihm schneller, als es sich gehörte, ein Kind gebar. Diese Eskapade ließ ihn in London sein Glück suchen. Er hatte, so schien es, eine Vorliebe für das Theater, anfangs hielt er nur die Pferde am Bühneneingang. Bald darauf bekam er Arbeit am Theater, wurde ein erfolgreicher Schauspieler und gehörte zum Nabel der Welt, traf alle, kannte alle, übte seine Kunst auf den Brettern aus, schärfte seinen Verstand auf den Straßen und bekam sogar Zugang zum Palast der Königin. Währenddessen blieb seine außerordentlich begabte Schwester, nehmen wir mal an, zu Hause. Sie war genauso abenteuerlustig, so voller Fantasie, so erpicht darauf, die Welt zu sehen wie er. Aber sie wurde nicht zur Schule geschickt. Sie hatte nicht die Möglichkeit, Grammatik und Logik zu lernen, geschweige denn, Horaz und Virgil zu lesen. Sie nahm hin und wieder ein Buch zur Hand, wahrscheinlich eins, das ihrem Bruder gehörte, und las einige Seiten. Aber dann kamen ihre Eltern herein und forderten sie auf, die Strümpfe zu stopfen oder nach der Suppe zu sehen und ihre Zeit nicht mit Büchern und Papieren zu vertun. Sie werden streng, aber freundlich zur ihr gewesen sein, denn sie waren solide Menschen, die die Lebensbedingungen einer Frau kannten und ihre Tochter liebten – ja, ziemlich wahrscheinlich war sie der Augapfel ihres Vaters. Vielleicht kritzelte sie heimlich oben im Apfelspeicher einige Seiten voll, achtete aber darauf, sie zu verstecken oder zu verbrennen. Bald jedoch, noch ehe sie volljährig war, sollte sie mit dem Sohn eines Wollsortierers aus der Nachbarschaft verlobt werden. Sie schrie auf, dass ihr die Ehe verhasst war, und dafür wurde sie von ihrem Vater heftig verprügelt. Dann hörte er auf, sie auszuschimpfen. Stattdessen beschwor er sie, ihm keinen Schmerz zuzufügen, ihn nicht zu blamieren, was ihre Ehe anging. Er werde ihr eine Perlenkette schenken oder einen edlen Unterrock, versprach er, und Tränen standen ihm in den Augen. Wie konnte sie ihm gegenüber ungehorsam sein? Wie konnte sie ihm das Herz brechen? Allein die Kraft ihrer Begabung zwang sie dazu. Sie packte ein kleines Bündel mit Habseligkeiten, ließ sich in einer Sommernacht an einem Seil herunter und brach nach London auf. Sie war noch keine siebzehn. Die Vögel, die in der Hecke sangen, waren nicht musikalischer als sie. Sie besaß den lebendigsten Sinn, eine Begabung so groß wie die ihres Bruders, für die Melodie der Worte. Wie er hatte sie eine Vorliebe für das Theater. Sie stand am Bühneneingang, sie wolle Theater spielen, sagte sie. Männer lachten ihr ins Gesicht. Der Theaterdirektor – ein fetter Mann mit losem Mundwerk – wieherte los. Er brüllte etwas von tanzenden Pudeln und schauspielernden Frauen – keine Frau, sagte er, habe das Zeug zur Schauspielerin.[2] Er machte eine Andeutung – Sie können sich denken, welche. Es war ihr nicht möglich, sich in ihrer Kunst ausbilden zu lassen. War es ihr überhaupt möglich, in einer Taverne zu Abend zu essen oder um Mitternacht durch die Straßen zu ziehen? Aber ihr Genie drängte zur Dichtung und gierte danach, mit den vielfältigen Leben von Männern und Frauen gefüttert zu werden und ihr Verhalten zu studieren. Schließlich – denn sie war sehr jung, im Gesicht dem Dichter Shakespeare seltsam ähnlich, die gleichen grauen Augen und gewölbten Brauen –, schließlich erbarmte sich ihrer Nick Greene[3], der Schauspieldirektor; sie wurde schwanger von diesem Herrn, und so – wer könnte die Hitze und das Ungestüm in einem Dichterherzen messen, wenn es im Körper einer Frau gefangen und verheddert ist? – nahm sie sich in einer Winternacht das Leben und liegt an irgendeiner Kreuzung begraben, wo jetzt an der Station Elephant and Castle die Omnibusse halten.

So in etwa wäre die Geschichte verlaufen, glaube ich, hätte eine Frau zu Zeiten Shakespeares das Genie eines Shakespeare besessen. Aber ich stimme mit dem Bischof, falls er einer war, überein – es ist undenkbar, dass irgendeine Frau zu Shakespeares Zeiten Shakespeares Genie besessen haben könnte. Denn ein Genie wie Shakespeare wird nicht unter schwer arbeitenden, ungebildeten, unterwürfigen Menschen geboren. Es wird nicht im England der Angelsachsen und Briten geboren. Es wird auch heute nicht innerhalb der Arbeiterklasse geboren. Wie hätte es dann aber unter Frauen geboren werden sollen, die laut Professor Trevelyan schon zu arbeiten begannen, als sie kaum der Kinderstube entwachsen waren, die von ihren Eltern dazu gezwungen und von Gesetz und Brauch daran gefesselt wurden? Doch irgendeine Art Genie muss es unter Frauen ebenso gegeben haben wie in den Arbeiterklassen. Hin und wieder leuchten eine Emily Brontë oder ein Robert Burns auf und beweisen Anwesenheit. Aber ganz sicher schlug es sich nie auf Papier nieder. Liest man allerdings von einer Hexe, die ertränkt wurde, von einer Frau, die vom Teufel besessen war, von einer weisen Frau, die Kräuter feilbot oder auch von einem bemerkenswerten Mann, der eine Mutter hatte, dann, glaube ich, sind wir einer verlorenen Romanschriftstellerin auf der Spur, einer unterdrückten Dichterin, einer stummen und ruhmlosen Jane Austen, einer Emily Brontë, die sich auf dem Hochmoor den Schädel zertrümmerte oder Fratzen schneidend über die Landstraßen stolperte, wahnsinnig von den Qualen, denen sie durch ihre Begabung ausgesetzt war. Im Grunde würde ich sogar die Vermutung wagen, dass Anonymus, der so viele Gedichte schrieb, ohne seinen Namen darunterzusetzen, häufig eine Frau war. Es war eine Frau, so legte es, glaube ich, Edward Fitzgerald nahe, die die Balladen und Volkslieder erfand, um sie ihren Kindern vorzusingen oder sich am Spinnrad oder in langen Winternächten daran zu erfreuen.

Das mag wahr sein oder falsch – wer kann das sagen –, aber die Wahrheit darin ist, so schien mir im Rückblick auf die Geschichte von Shakespeares Schwester, wie ich sie mir erdacht hatte, dass jede Frau, die im sechzehnten Jahrhundert mit einer großen Begabung geboren wurde, sicherlich wahnsinnig geworden wäre, sich erschossen hätte oder in irgendeiner einsamen Hütte außerhalb des Dorfes geendet wäre, halb Hexe, halb Zauberin, gefürchtet und verspottet. Denn es braucht nur wenig psychologisches Verständnis, um gewiss zu sein, dass ein hochbegabtes Mädchen, die versuchen würde, ihre dichterische Begabung umzusetzen, von anderen so ausgebremst und gehindert, so von ihren eigenen widersprüchlichen Instinkten zerrissen und gequält worden wäre, dass sie mit Sicherheit ihre körperliche und geistige Gesundheit verloren hätte. Kein Mädchen hätte nach London laufen und am Eingang einer Bühne stehen und sich den Zugang zu Schauspieldirektoren erkämpfen können, ohne sich selbst zu schaden und Ängste auszustehen, die irrational gewesen sein mögen – denn Keuschheit mag ein Fetisch sein, den bestimmte Gesellschaften aus unbekannten Gründen erfunden haben –, aber dennoch unvermeidlich waren. Keuschheit hatte damals, und hat heute noch immer, eine religiöse Bedeutung im Leben einer Frau und ist mit Nerven und Instinkten so verwoben, dass es den allergrößten Mut verlangt, sie freizulegen und ans Tageslicht zu holen. Im sechzehnten Jahrhundert in London ein freies Leben zu führen, hätte für eine Frau, die Dichterin und Dramatikerin war, nervlichen Stress und ein Dilemma bedeutet, die sie sehr wohl hätten umbringen können. Wenn sie überlebt hätte, wäre, was immer sie geschrieben hätte, verdreht und entstellt gewesen, Resultat einer überstrapazierten und krankhaften Fantasie. Und zweifellos, dachte ich mit Blick auf das Regal, in dem es keine Theaterstücke von Frauen gab, wäre ihr Werk namenlos geblieben. Diese Zuflucht hätte sie sicherlich gesucht. Es war das Überbleibsel des Keuschheitsgebots, das Frauen sogar im neunzehnten Jahrhundert noch Anonymität diktierte. Currer Bell, George Eliot, George Sand[4], alles Opfer innerer Zerrissenheit, wie ihre Schriften beweisen, versuchten erfolglos, sich mit dem Namen eines Mannes zu verschleiern. So huldigten sie der Konvention, einer durch das andere Geschlecht wenn nicht implantierten, doch kräftig unterstützten Konvention, dass Öffentlichkeit bei Frauen abscheulich ist (der größte Ruhm einer Frau besteht darin, dass von ihr nicht die Rede ist, sagte Perikles[5], ein Mann, von dem viel die Rede war). Anonymität liegt ihnen im Blut. Der Wunsch, sich zu verschleiern, hält sie immer noch besetzt. Auch heute sind sie noch weitaus weniger um das Wohlergehen ihres Ruhms besorgt als Männer und gehen, generell gesagt, an einem Grabstein oder einer Wegmarkierung vorbei, ohne das unwiderstehliche Verlangen zu spüren, ihren Namen hineinzumeißeln, wie es Alf, Bert oder Chas gehorsam ihrem Instinkt folgend tun müssen, der, sobald eine Frau oder auch nur ein Hund vorbeilaufen, raunt: Ce chien est à moi.[6] Und natürlich, es muss kein Hund sein, dachte ich in Erinnerung an Parliament Square, die Siegesallee und andere Alleen; es kann auch ein Stück Land sein oder ein Mann mit krausem schwarzem Haar. Es gehört zu den großen Vorteilen, eine Frau zu sein, dass man sogar an einer sehr schönen Schwarzen vorbeigehen kann, ohne den Wunsch zu haben, aus ihr eine Engländerin zu machen.

Diese Frau also, die im sechzehnten Jahrhundert mit einer dichterischen Begabung geboren wurde, war eine unglückliche Frau, eine Frau im Konflikt mit sich selbst. Jede ihrer Lebensbedingungen, jeder ihrer Instinkte sprachen gegen den geistigen Zustand, den es braucht, um das freizusetzen, was sich im Kopf abspielt. Aber was ist das für ein geistiger Zustand, der für den Schaffensprozess am günstigsten ist, fragte ich. Kann man eine Vorstellung von dem Zustand bekommen, der diese seltsame Tätigkeit fördert und ermöglicht? An dieser Stelle schlug ich den Band mit den Tragödien Shakespeares auf. Was war zum Beispiel Shakespeares geistiger Zustand, als er *Lear* und *Antonius und Kleopatra* schrieb? Es war sicher der vorteilhafteste Geisteszustand, den es für die Dichtung je gegeben hat. Shakespeare selbst hat darüber nichts gesagt. Wir wissen nur beiläufig und durch Zufall, dass er nie »eine Zeile strich«[7]. Im Grunde haben sich Künstler bis etwa zum achtzehnten Jahrhundert nie über ihren geistigen Zustand geäußert. Rousseau fing vielleicht damit an. Jedenfalls hatte sich im neunzehnten Jahrhundert das Selbstbewusstsein so weit entwickelt, dass es Literaten zur Gewohnheit wurde, ihre Befindlichkeiten in Bekenntnissen und Autobiografien zu beschreiben. Auch ihre Biografien wurden geschrieben, und nach dem Tod wurden ihre Briefe gedruckt. Obwohl wir also nicht wissen, was Shakespeare durchmachte, als er *Lear* schrieb, wissen wir doch, was Carlyle durchmachte, als er die *Französische Revolution* schrieb, was Flaubert durchmachte, als er *Madame Bovary* schrieb, was Keats durchmachte, als er in seinen Gedichten versuchte, gegen das Nahen des Todes und die Gleichgültigkeit der Welt anzuschreiben.

Und aus dieser umfangreichen modernen Literatur der Bekenntnisse und Selbstanalysen lässt sich schließen, dass es fast immer ein ungeheuer anstrengender Kraftakt ist, ein geniales Werk zu schreiben. Alles spricht gegen die Wahrscheinlichkeit, dass es aus dem Kopf des Genies unversehrt und in Gänze hervorgeht. Im Allgemeinen sprechen die materiellen Umstände dagegen. Hunde bellen, Menschen stören, Geld muss verdient werden, die Gesundheit versagt. Was diese Schwierigkeiten außerdem noch verschärft und unerträglicher macht, ist die notorische Gleichgültigkeit der Welt. Sie bittet niemanden darum, Gedichte und Romane und Geschichten zu schreiben, sie braucht sie nicht. Es kümmert sie nicht, ob Flaubert das richtige Wort findet oder ob Carlyle penibel diese oder jene Tatsache überprüft. Logischerweise bezahlt sie nicht für etwas, was sie nicht will. Also erleidet der Schriftsteller, Keats, Flaubert, Carlyle, besonders in den schöpferischen Jahren der Jugend jede Art von Verzweiflung und Enttäuschung. Ein Fluch, ein Schrei der Qual dringt aus diesen Büchern der Analysen und Bekenntnisse. »Hehre Dichter in ihrem Elend tot«[8] – so lautet der Refrain ihres Liedes. Sollte sonst noch irgendetwas durchdringen, ist es ein Wunder, und wahrscheinlich wird kein Buch so unversehrt und in Gänze geboren, wie es empfangen wird.

Für Frauen allerdings, dachte ich und schaute auf die leeren Regale, waren diese Schwierigkeiten unendlich gravierender. Angefangen damit, dass es für sie bis zum Beginn des neunzehnten Jahrhunderts außer Frage stand, ein eigenes Zimmer zu haben, geschweige denn ein stilles Zimmer, ein schalldichtes Zimmer, es sei denn, ihre Eltern waren außergewöhnlich reich oder sehr vornehm gewesen. Da ihr Taschengeld, das vom guten Willen ihres Vaters abhing, gerade für ihre Kleidung reichte, war sie von solchen Linderungen der Qualen ausgeschlossen, wie sie selbst Keats, Tennyson oder Carlyle, alles arme Männer, durch eine Wanderung, eine kleine Reise nach Frankreich oder durch eine eigene Unterkunft zuteilwurden, die sie, so elend sie sein mochte, vor den Ansprüchen und der Tyrannei ihrer Familie schützte. Solche materiellen Schwierigkeiten waren furchtbar, aber die immateriellen waren noch schlimmer. Die Gleichgültigkeit der Welt, die Keats und Flaubert und andere geniale Männer so unerträglich fanden, war in ihrem Fall nicht Gleichgültigkeit, sondern Feindseligkeit. Die Welt sagte zu ihr nicht: Schreib, wenn du willst, mir ist das egal, wie sie es zu den Männern sagte. Die Welt sagte mit schallendem Gelächter: Schreiben? Wozu soll deine Schreiberei gut sein? Hier könnten uns die Psychologinnen von Newnham und Girton zu Hilfe kommen, dachte ich, als ich wieder zu den Lücken auf den Regalen sah. Denn es wäre an der Zeit, die Wirkung der Entmutigung auf das Gemüt der Künstlerin zu messen, so wie ich eine Molkerei die Wirkung von normaler Milch und Vorzugsmilch auf den Körper einer Ratte habe messen sehen. Sie setzten zwei Ratten nebeneinander in Käfige, und die eine von beiden war scheu, ängstlich und klein, und die andere war glänzend, mutig und groß. Mit welcher Nahrung versorgen wir Frauen, die Künstlerinnen sind?, fragte ich mich, wahrscheinlich in der Erinnerung an dieses Abendessen mit Backpflaumen und Pudding. Um die Frage zu beantworten, musste ich nur die Abendzeitung aufschlagen und lesen, dass Lord Birkenhead der Meinung ist – aber ich werde mir wirklich nicht die Mühe machen, Lord

Birkenheads Meinung über das Schreiben von Frauen abzuschreiben. Was Dekan Inge zu sagen hat, werde ich so stehen lassen. Der Harley-Street-Spezialist kann gern mit seinem Geschrei die Harley Street[9] widerhallen lassen, ohne dass sich mir auch nur ein Haar im Nacken aufstellt. Ich werde aber Mr Oscar Browning zitieren, weil Mr Oscar Browning in Cambridge einst ein großer Mann war und die Studentinnen von Girton und Newnham prüfte. Mr Oscar Browning pflegte zu verkünden, »dass ihm nach Durchsicht verschiedenster Examensarbeiten der Eindruck geblieben sei, dass ungeachtet der Zensuren, die er vergab, die beste Frau dem schlechtesten Mann intellektuell unterlegen war«. Nachdem er das gesagt hatte, ging Mr Browning zurück in seine Wohnung – und dieses Nachspiel bringt ihm Sympathie ein und macht ihn zu einem menschlichen Wesen von einer gewissen Größe und Würde –, er ging in seine Wohnung und entdeckte einen Stalljungen auf seinem Sofa – »nur noch Haut und Knochen, seine Wangen waren hohl und bleich, seine Zähne schwarz, und seine Gliedmaßen schienen ihm nicht ganz zu gehorchen … ›Das ist Arthur‹ (sagte Mr Browning). ›Er ist im Grunde ein lieber Junge und von edelster Gesinnung.‹« In meinen Augen scheinen diese beiden Bilder einander zu ergänzen. Und glücklicherweise ergänzen sich die beiden Bilder im Zeitalter der Biografien häufig tatsächlich, sodass wir in der Lage sind, die Meinungen großer Männer nicht nur nach dem, was sie sagen, zu deuten, sondern auch nach dem, was sie tun.[10]

Aber auch wenn das heute möglich ist, müssen solche Meinungen aus dem Mund wichtiger Leute noch vor fünfzig Jahren ungeheuerlich genug gewesen sein. Lassen Sie uns annehmen, dass ein Vater seine Tochter aus den besten Beweggründen nicht von zu Hause fortgehen und Schriftstellerin, Malerin oder Gelehrte werden lassen wollte. »Sieh doch, was Mr Oscar Browning dazu sagt«, würde er sagen, und es gab nicht nur Mr Oscar Browning, es gab auch die *Saturday Review*, es gab Mr Greg – das »Notwendigste im Dasein einer Frau«, sagte Mr Greg mit Nachdruck, »ist, dass sie vom Manne versorgt wird und dem Manne dient« –, es gab eine gewaltige Menge männlicher Meinungen, die darauf hinausliefen, dass von Frauen intellektuell nichts zu erwarten sei. Auch wenn ihr Vater diese Meinungen nicht laut vorlas, konnte sie doch jedes Mädchen selbst lesen, und das zu lesen musste ihre Lebenskraft auch im neunzehnten Jahrhundert noch schwächen und ihr Werk zutiefst beeinflussen. Gegen diese Unterstellung – dieses kannst du nicht, jenes kannst du nicht – musste sie sich ständig wehren, sich behaupten. Auf eine Romanschriftstellerin hat dieser Bazillus vielleicht schon länger keine große Wirkung mehr, denn es hat verdienstvolle Romanschriftstellerinnen gegeben. Aber für Malerinnen muss er noch einen Stachel besitzen, und für Musikerinnen, kann ich mir vorstellen, ist er auch heute noch aktiv und extrem gefährlich. Die Komponistin steht jetzt an der Stelle, wo die Schauspielerin zu Shakespeares Zeiten stand. Nick Greene, dachte ich in Gedanken an die Geschichte, die ich über Shakespeares Schwester erfunden hatte, sagte, dass eine schauspielernde Frau ihn an einen tanzenden Hund gemahnte. Samuel Johnson wiederholte den Satz zweihundert Jahre später in Bezug auf predigende Frauen. Und hier, sagte ich und schlug ein Buch über Musik auf, haben wir genau dieselben Worte in diesem Gnadenjahr 1928, über Frauen, die sich im Komponieren versuchen. »Wenn es um Mlle Germaine Tailleferre[11] geht, kann man nur Dr. Johnsons Diktum über weibliche Prediger wiederholen, übertragen auf die Welt der Musik. ›Sir, die Komposition einer Frau ist wie der Gang eines Hundes auf den Hinterbeinen. Beide machen es nicht gut, aber man wundert sich, dass sie es überhaupt machen.‹«* So präzise wiederholt sich Geschichte.

Daher, folgerte ich, klappte Mr Oscar Brownings Leben zu und schob die restlichen Bücher beiseite, ist es ziemlich offensichtlich, dass eine Frau auch im neunzehnten Jahrhundert nicht ermutigt wurde, Künstlerin zu sein. Im Gegenteil, sie wurde brüskiert, beschimpft, belehrt und ermahnt. Der Druck, dem ständig zu widerstehen und sich darüber hinwegzusetzen, musste ihr Gemüt strapazieren und ihre Lebenskraft schwächen. Denn hier nähern wir uns wieder dem sehr interessanten und obskuren männlichen Komplex, der einen so großen Einfluss auf die Frauenbewegung gehabt hat; diesem tiefsitzenden Bedürfnis nicht so sehr danach, dass *sie* unterlegen, sondern, dass *er* überlegen sein möge, was ihn, wo immer man hinschaut, an die Spitze nicht nur der Künste, sondern auch der Politik setzt, zu der

* *A Survey of Contemporary Music*, von Cecil Gray, S. 346

er selbst dann den Weg versperrt, wenn das Risiko für ihn verschwindend gering und die Bittstellerin demütig und ergeben ist. Selbst Lady Bessborough, erinnere ich mich, musste sich trotz all ihrer Leidenschaft für die Politik demütig verneigen, als sie an Lord Granville Leveson-Gower schrieb: »... ungeachtet all meines Ungestüms in politischen Belangen und meiner vielen Reden zu diesem Gegenstand stimme ich vollkommen mit Ihnen überein, dass eine Frau kein Recht darauf hat, sich in diese Dinge oder andere ernste Angelegenheiten über das Äußern der eigenen Meinung hinaus einzumischen (wenn sie danach gefragt wird).« Und so verschwendet sie ihren Enthusiasmus weiterhin dort, wo ihm keinerlei Hindernisse im Weg stehen, und zwar auf den ungemein wichtigen Gegenstand der Antrittsrede von Lord Granville im Unterhaus. Was für ein skurriles Spektakel, dachte ich. Die Geschichte des Widerstands der Männer gegen die Emanzipation der Frauen ist vielleicht interessanter als die Geschichte dieser Emanzipation selbst.

Ein amüsantes Buch könnte daraus entstehen, wenn eine junge Studentin von Girton oder Newnham Beispiele sammeln und eine Theorie entwickeln würde – aber sie würde dicke Handschuhe brauchen und zu ihrem Schutz Gitterstäbe aus solidem Gold.

Aber was heute amüsant ist, besann ich mich und klappte Lady Bessborough zu, musste einst todernst genommen werden. Meinungen, die man heute in ein Buch mit der Beschriftung Kikeriki klebt und für Lesungen vor ausgewähltem Publikum an Sommerabenden aufbewahrt, haben einmal zu Tränen geführt, das versichere ich Ihnen. Unter Ihren Großmüttern und Urgroßmüttern gab es viele, die sich die Augen ausweinten. Florence Nightingale schrie vor Qualen gellend auf.* Darüber hinaus ist es für Sie, die Sie es aufs College geschafft haben und sich über Wohnzimmer freuen dürfen – oder sind es nur Einzimmerwohnungen? –, die Sie für sich allein haben, leicht gesagt, dass ein Genie solche Meinungen ignorieren sollte, dass ein Genie über den Dingen stehen und sich um das, was über es gesagt wird, nicht kümmern sollte. Leider sind es gerade die genialen Männer und Frauen, die es am meisten kümmert, was über sie gesagt wird. Denken Sie an Keats. Denken Sie an die Worte, die er in seinen Grabstein meißeln ließ.[12] Denken Sie an Tennyson, denken Sie – aber ich muss wohl kaum weitere Beweise für die unbestreitbare, wenn auch sehr bedauerliche Tatsache anführen, dass es in der Natur der Künstler liegt, sich über die Maßen um das zu kümmern, was über sie gesagt wird. Die Literatur ist übersät mit Schiffbrüchen von Männern, die sich bis zur Unvernunft um die Meinung anderer gekümmert haben.

Und diese Anfälligkeit ist umso bedauerlicher, dachte ich und kehrte noch einmal zu meiner ursprünglichen Frage zurück, welcher geistige Zustand der günstigste für den kreativen Schaffensprozess sei, denn der künstlerische Geist muss, um die ungeheure Anstrengung zu bewältigen, das Werk in ihm unversehrt und in Gänze freizusetzen, weiß strahlen wie der Geist Shakespeares,

* Siehe Florence Nightingale, *Cassandra*, abgedruckt in R. Strachey, *The Cause*

mutmaßte ich mit Blick auf das Buch, das bei *Antonius und Kleopatra* aufgeschlagen war. Es darf nichts Hinderliches geben, keine unverbrannte, fremde Materie.

Denn obwohl wir sagen, dass wir nichts über Shakespeares geistigen Zustand wissen, sagen wir doch, indem wir das sagen, etwas über Shakespeares geistigen Zustand. Der Grund, warum wir so wenig über Shakespeare wissen – verglichen mit Donne oder Ben Jonson oder Milton –, liegt vielleicht darin, dass uns sein Groll, sein Ärger und seine Antipathien verborgen bleiben. Wir werden nicht von irgendwelchen »Enthüllungen« abgelenkt, die uns an den Schriftsteller erinnern. Jedes Bedürfnis zu protestieren, zu predigen, eine Kränkung kundzutun, eine Rechnung zu begleichen, die Welt zum Zeugen eines Elends oder Kummers zu machen, war in ihm verbrannt und verbraucht. Deshalb entströmen ihm die Verse so frei und ungehemmt. Wenn je ein Mensch imstande war, sein Werk vollkommen auszudrücken, dann Shakespeare. Wenn je ein Geist weiß strahlte, ungehindert, dachte ich und wandte mich erneut dem Bücherregal zu, dann war es Shakespeares Geist.

Kapitel 4

Im sechzehnten Jahrhundert auf eine Frau in diesem Geisteszustand zu treffen, war offensichtlich unmöglich. Man muss nur an die elisabethanischen Grabsteine mit ihren knienden Kindern denken, die Hände gefaltet; und an deren frühen Tod; und ihre Häuser mit den dunklen, engen Räumen sehen, um zu begreifen, dass keine Frau damals hätte Gedichte schreiben können. Eher könnte man davon ausgehen, später auf eine höhergestellte Dame zu treffen, die sich ihre relative Freiheit und den Komfort, in dem sie lebte, zunutze machte, um, mit dem Risiko, als Monstrum betrachtet zu werden, etwas unter ihrem Namen zu veröffentlichen. Natürlich sind Männer keine Snobs, fuhr ich in Gedanken fort und mied sorgfältig den »dreisten Feminismus« von Rebecca West; aber den Anstrengungen einer Gräfin, Verse zu schreiben, bringen sie größtenteils wohlwollende Sympathie entgegen. Man könnte davon ausgehen, dass eine adlige Dame weitaus mehr Ermutigung erfährt, als eine unbekannte Miss Austen oder eine Miss Brontë zur damaligen Zeit erfahren haben würden. Aber man könnte auch davon ausgehen, dass ihr Geist von fremdgesteuerten Gefühlen wie Angst und Hass beeinträchtigt werden und ihre Gedichte Spuren dieser Beeinträchtigung zeigen. Hier ist beispielsweise Lady Winchilsea, dachte ich und nahm ihre Gedichte aus dem Regal. Sie wurde 1661 geboren; sie war adlig, sowohl von Geburt als auch durch Heirat; sie hatte keine Kinder; sie schrieb Gedichte, und man braucht ihre Gedichte nur aufzuschlagen, um zu sehen, wie die Empörung über die Stellung der Frau aus ihr herausbricht:

> Wie tief sind wir gestürzt durch falsches Regiment,
> Wie arm sind wir an Bildung und reich nur an
> Talent;
> Der Geistesgaben Schulung bleibt strikt uns untersagt,
> Denn dumm will man uns haben, willfährig wie die
> Magd;
> Und schwingt sich eine auf, zu schaun der Höhen
> Pracht,
> Von wärm'rer Phantasie und Ehrgeiz angefacht,
> Der Gegner leidet's nicht, dass sie ihm lange trutzt,
> Und Hoffnung trägt nicht weit, wenn Furcht die
> Flügel stutzt.[1]

Ganz offensichtlich hatte ihr Geist in keiner Weise alles Hinderliche verbrannt, um »weiß zu strahlen«. Im Gegenteil, er ist zermürbt und gequält von Hassgefühlen und Trauer. Für sie ist die Menschheit in zwei Parteien gespalten. Männer sind »der Gegner«, Männer sind verhasst und gefürchtet, weil sie die Macht haben, ihr den Zugang zu dem zu versperren, was sie tun möchte – schreiben.

Doch ach, wenn eine Frau auch nur zur Feder
greift,
Ist sie vermessen, fragt man, was sie sich erkühnt,
Sagt man, dass keine Tugend solchen Fehler
sühnt.
Es heißt, wir irrten ab von Weiberart und -stil;
Manieren, Mode, hübsche Kleider, Tanz und
Spiel,
Auf diese Dinge soll'n wir unsre Sinne lenken;
Denn Schreiben, Lesen, Fragenstellen oder
Denken
Will uns're Schönheit trüben, uns're Reize
mindern,
Eroberungen uns'res Herzens gar verhindern,
Doch ödes Walten an des braven Hauses Herd
Gilt oft als unser Bestes, unser höchster Wert.

Sie muss sich tatsächlich selbst zum Schreiben ermutigen, und das, obwohl sie weiß, dass nie veröffentlicht werden wird, was sie schreibt, und sie muss sich selbst mit dem traurigen Gesang trösten:

Den wen'gen Freuden nur und deinen Sorgen singe,
Denn Lorbeerhaine war'n dir nicht bestimmt hienieden;
Das Dunkel sei dir Heimstatt, und sei du dort zufrieden

Und doch ist klar, das Feuer in ihr war heiß; wenn sie nur ihren Geist von Hass und Angst hätte befreien können, statt Bitterkeit und Groll anzuhäufen. Mitunter entstehen Worte reinster Poesie:

> Will äffen nicht mit geisterbleichem Tand
> Der Rose unnachahmliches Gewand.

Zu Recht werden sie von Mr Murry gepriesen, und es wird angenommen, dass Pope sich die folgenden Worte merkte und als seine eigenen ausgab:

> Narzissenduft besiegt das schwache Hirn,
> Ohnmacht umfängt mit würzigem Schmerz die Stirn.

Es ist jammerschade, dass die Frau, die so schreiben konnte, die einen Sinn für Natur und Reflexion hatte, zu Bitterkeit und Zorn gezwungen war. Wie aber hätte sie sich helfen können?, fragte ich und stellte mir den Hohn und das Gelächter vor, die Schmeicheleien der Kriecher, die Skepsis der Berufsdichter. Sie hat sich sehr wahrscheinlich in einem Zimmer auf dem Land eingeschlossen, um schreiben zu können, und wurde sicher von Bitterkeit und Skrupel zerrissen, obwohl ihr Ehemann einer der liebenswürdigsten und ihre Ehe harmonisch war. »Sehr wahrscheinlich«, sage ich, denn sobald man sich auf die Suche nach Einzelheiten über Lady Winchilsea macht, stellt man wie immer fest, dass so gut wie nichts über sie bekannt ist. Sie litt schrecklich unter Melancholie, was wir immerhin zu einem gewissen Grad erklären können, wenn sie uns davon berichtet, was sie sich in ihrem Würgegriff vorstellte:

Man schimpft mein Tun und meine Zeilen Narretei,
Vermessen, unnütz, nichts als eitle Tändelei.

Die Beschäftigung, die derart getadelt wurde, bestand, soweit man das sieht, darin, harmlos durch die Felder zu streifen und zu träumen:

Am Ungewöhnlichen entzünde ich mein Feuer,
Find Freude abseits vom gemeinen Brauch,
Will äffen nicht mit geisterbleichem Tand
Der Rose unnachahmliches Gewand.[2]

Wenn das ihre Gewohnheit und ihre Freude war, konnte sie natürlich nichts anderes erwarten, als ausgelacht zu werden; und folglich haben Pope oder Gay sie, wie es heißt, verspottet als »Blaustrumpf, die die Schreiberei juckt«. Es wird ebenfalls angenommen, dass sie Gay beleidigte, indem sie ihn auslachte. Sie sagte, seine *Trivia* würden zeigen, dass er »sich eher dazu eignete, vor einer Sänfte herzugehen, als in einer zu sitzen«[3]. Aber das ist alles »dubioser Klatsch« und, sagt Mr Murry, »uninteressant«. Aber hier stimme ich nicht mit ihm überein, denn ich hätte gern mehr, selbst von dubiosem Klatsch, um mir ein Bild von dieser melancholischen Dame zu machen oder zu erfinden, die so gern durch die Felder streifte und über ungewöhnliche Dinge nachdachte und so vorschnell, so unklug »das öde Schaffen in einem knechtischen Haus« verhöhnte. Aber sie wurde schwammig, sagt Mr Murry. Ihre Begabung ist von Unkraut überwuchert und in Gestrüpp verfangen.

Sie hatte keine Chance, sich als die edle, hervorragende Begabung zu erweisen, die sie war. Also stellte ich sie ins Regal zurück und wendete mich der anderen großen Dame zu, der von Lamb geliebten Herzogin, der verrückten, wunderlichen Margaret of Newcastle[4], älter als erstere, aber noch ihre Zeitgenossin. Sie waren sehr unterschiedlich, glichen einander aber darin, dass sie beide adlig und kinderlos und mit den besten aller Ehemänner verheiratet waren. In beiden brannte die gleiche Leidenschaft für die Dichtung, und beide sind aus den gleichen Gründen entstellt und verzerrt. Öffnet man die Herzogin, trifft man auf den gleichen Wutausbruch: »Frauen leben wie Fledermäuse oder Eulen, arbeiten wie die Tiere und sterben wie die Würmer …« Margaret hätte auch eine Dichterin sein können, heutzutage hätte so viel Schaffenskraft das eine oder andere in Gang gesetzt. Aber was konnte damals eine so wilde, überbordende, ungeschulte Intelligenz zu menschlichem Nutzen fesseln, zähmen oder zivilisieren? Sie verströmte sich, Hals über Kopf, in Sturzfluten von Reimen und Prosa, Versen und Philosophie, die jetzt in Quart- und Foliobänden erstarrt sind, die nie jemand liest. Man hätte ihr ein Mikroskop in die Hand geben sollen. Man hätte ihr beibringen sollen, wie man die Sterne beobachtet und wissenschaftlich argumentiert. Ihr Verstand spielte verrückt vor Einsamkeit und Freiheit. Niemand kontrollierte sie. Niemand unterrichtete sie. Die Professoren katzbuckelten vor ihr. Bei Hof verspottete man sie. Sir Egerton Bryges beschwerte sich über ihre Derbheit – »und das bei einem Weib von hohem Stand und am

Hofe erzogen«. Sie sperrte sich selbst in Welbeck ein, allein.

Was für ein Bild der Einsamkeit und des Aufruhrs kommt einem beim Gedanken an Margaret Cavendish in den Sinn! – als hätte sich eine riesige Gurke auf all die Rosen und Nelken im Garten gelegt und sie erstickt. Was für eine Verschwendung, dass die Frau, die schrieb: »die wohlerzogensten Frauen sind die, deren Verstand am vernünftigsten ist«, ihre Zeit damit vergeudete, Unsinn zu schreiben und immer tiefer in Umnachtung und Verrücktheit zu stürzen, bis sich die Leute um ihre Kutsche drängten, sobald sie ausfuhr. Offenbar wurde die verrückte Herzogin zum Schreckgespenst gemacht, um aufgeweckte Mädchen zu warnen. Hier, fiel mir ein, als ich die Herzogin zurückstellte und Dorothy Osbornes Briefe aufschlug, schreibt Dorothy an Temple über das neue Buch der Herzogin. »Gewiss ist die arme Frau ein wehnig von Sinnen, nimmermeer könnte sie sonst so lecherlich sein und sich unterfangen Bücher zu schreiben, überdiess in Versen, wenn ich der Wochen zweie nicht schliefe, es würde so weit mitt mier nicht kommen.«

Und da keine Frau bei Sinn und Verstand Bücher schreiben konnte, schrieb Dorothy, die sensibel und melancholisch war und vom Temperament her das genaue Gegenteil der Herzogin, nichts. Briefe zählten nicht. Briefe konnte eine Frau schreiben, während sie am Krankenbett des Vaters saß. Sie konnte sie am Feuer schreiben, ohne die Unterhaltung der Männer zu stören. Seltsam ist, dachte ich und blätterte in Dorothys

Briefen, was für eine Begabung dieses ungeschulte und einsame Mädchen hatte, wie sie einen Satz baute, eine Szene gestaltete. Hören Sie, wie sie fortfährt:

»Nach dem Dinner sitzen wier und plaudern, biss die Rehde auf Mr B. kommt und schon binn ich fort. die Hitze des Tages wird mitt lesen oder arbeiten verbracht und gegen sechse oder siebene gehe ich hinaus auf den Dorfanger dicht beim Haus, wo ettwelche junge Frauenzimmer Schafe und Kühe hühten und im Schatten sitzent Lieder singen; ich gehe zu ihnen und vergleiche ihre Stimmen und Schöhnheiten mitt Schäferinnen aus allter Zeit, von denen ich gelesen habe und bemerke einen grossen Unterschied, aber sei versichert, ich hallte diese führ ehbenso unschuldich wie jehne nur sein konnten. ich plaudere mitt ihnen und merke, ihnen fehlt nichts umm sie zu den glücklichsten Menschen auf der Wellt zu maachen, ausser dem Wissen, dass sie es sind. des öffteren, auch wenn wir mitten im Gespräch sind, schaut sich die eine oder andere umm und entdeckt ihre Küe auf dem Wehg inss Korn, und schon stieben sie auff und davonn als hätten sie Flühgel an den Fersen. ich, die ich nicht so flink bin, bleibe zurück, und wenn ich sie ihr Viech nach Hause treiben sehe, denke ich, auch für mich ist es Zeit, heimzukehre. wenn ich zu Ahbend gegessen habe, gehe ich in den Garten und so anns Ufer eines Baches, der daran hinfliesst, wo ich mich niedersetze und dich herrbeiwünsche …«[5]

Man könnte schwören, dass sie das Zeug zur Schriftstellerin gehabt hätte. Aber »wenn ich der Wochen zweie nicht schliefe, es würde so weit mitt mier nicht kommen« – es lässt sich auch ermessen, was für ein Widerstand gegen eine schreibende Frau in der Luft lag, wenn man sieht, wie auch eine Frau mit einer großen Begabung zum Schreiben sich selbst einredete, wie lächerlich es sei, ein Buch zu schreiben, es sogar als Ausdruck der Verstörtheit sah. Und damit kommen wir, fuhr ich fort und stellte den einzelnen, dünnen Band mit Dorothy Osbornes Briefen zurück ins Regal, zu Mrs Behn.[6]

Und mit Mrs Behn biegen wir auf unserem Weg um eine sehr wichtige Ecke. Wir lassen jene einsamen hochgestellten Damen eingeschlossen in ihren Parks zwischen ihren Folianten zurück, die ohne Öffentlichkeit oder Kritik allein zu ihrem eigenen Vergnügen schrieben. Wir kommen in die Stadt und treffen gewöhnliche Menschen. Mrs Behn war eine Frau aus der Mittelschicht mit all den Tugenden des Volkes, wie Humor, Vitalität und Mut; eine Frau, die durch den Tod ihres Mannes und eigene unglückliche Abenteuer gezwungen war, sich ihren Lebensunterhalt mithilfe ihres Verstandes zu verdienen. Sie musste unter den gleichen Bedingungen arbeiten wie die Männer. Sie verdiente, hart arbeitend, genug zum Leben. Die Bedeutung dieser Tatsache wiegt schwerer als alles, was sie tatsächlich schrieb, schwerer noch als das großartige »Tausend Märtyrer habe ich geschaffen« oder »Liebe thronte in fantastischem Triumph«, denn hier beginnt die Freiheit des Geistes oder eher die Möglichkeit, dass der Geist im Laufe der Zeit frei sein wird, das zu schreiben, was er möchte. Denn nun, da Aphra Behn es getan hatte, konnten Mädchen zu ihren Eltern gehen und sagen, ihr braucht mich nicht zu unterstützen; ich kann mit meiner Feder Geld verdienen. Natürlich lautete die Antwort noch viele Jahre lang: Ja, aber du lebst das Leben einer Aphra Behn! Der Tod wäre besser! – und die Tür wurde noch schneller zugeschlagen. Dieses hochinteressante Thema, der Wert, den Männer der Keuschheit der Frauen beimessen, und seine Wirkung auf ihre Bildung, böte sich hier zur Diskussion an und könnte ein interessantes Buch ergeben, wenn eine Studentin von Girton oder Newnham auf diesen Gegenstand eingehen wollte. Lady Dudley, wie sie diamantenbestückt inmitten von Mücken im schottischen Moor sitzt, könnte als Titelbild dienen. Lord Dudley, schrieb die *Times*, als Lady Dudley kürzlich verstarb, »ein Mann von kultiviertem Geschmack und sehr erfolgreich, war mildtätig und hilfsbereit, aber auf schrullige Weise despotisch. Er bestand darauf, dass seine Frau immer Festtagskleidung trug, noch in der entlegensten Jagdhütte im schottischen Hochland, er belud sie mit kostbarsten Juwelen« und so weiter, »er gab ihr alles – mit Ausnahme jedweder Verantwortung«. Dann hatte Lord Dudley einen Schlaganfall, und von da an versorgte sie ihn und verwaltete seine Ländereien bis an ihr Lebensende mit ausgezeichnetem Sachverstand. Dieser schrullige Despotismus fand sich im neunzehnten Jahrhundert also immer noch.

Aber zurück. Aphra Behn bewies, dass man mit dem Schreiben Geld verdienen konnte, wenn auch vielleicht unter Verzicht auf bestimmte angenehme Eigenschaften; und so war das Schreiben allmählich kein

Ausdruck von Verrücktheit und geistiger Verstörtheit mehr, sondern bekam praktische Bedeutung. Ein Ehemann mochte sterben oder irgendein Unglück über die Familie hereinbrechen. Hunderte Frauen begannen im Laufe des achtzehnten Jahrhunderts, ihr Taschengeld aufzustocken oder ihre Familie dadurch zu unterstützen, dass sie Übersetzungen anfertigten oder die unzähligen schlechten Romane schrieben, die selbst in Lehrbüchern nicht mehr verzeichnet, aber noch auf den Wühltischen der Charing Cross Road zu haben sind. Die immense geistige Tätigkeit, die sich im späteren achtzehnten Jahrhundert bei Frauen zeigte – die Gespräche, die Zusammenkünfte, das Schreiben von Essays über Shakespeare, das Übersetzen der Klassiker –, gründete auf der soliden Tatsache, dass Frauen mit dem Schreiben Geld verdienen konnten. Geld ehrt das, was als frivol gilt, bleibt es unbezahlt. Diese Frauen mochten immer noch als »Blaustrümpfe, die die Schreiberei juckt« verspottet werden, aber es ließ sich nicht länger verleugnen, dass das Schreiben Geld in ihre Portemonnaies brachte. So vollzog sich gegen Ende des achtzehnten Jahrhunderts ein Wandel, den ich, wenn ich die Geschichte neu schriebe, umfassender beschreiben und für weitaus wichtiger halten würde als die Kreuzzüge oder die Rosenkriege. Die Frau der Mittelschicht begann zu schreiben. Denn wenn Jane Austens *Stolz und Vorurteil* von Bedeutung ist und George Eliots *Middlemarch* und Charlotte Brontës *Villette* und Emily Brontës *Sturmhöhe* von Bedeutung sind, dann ist es von weitaus größerer Bedeutung, als ich in einer Stunde Vortrag beweisen könnte, dass Frauen sich grundsätzlich dem Schreiben zuwandten und nicht nur die einsame Aristokratin, eingesperrt in ihrem Landhaus mit ihren Folianten und Flatteuren. Ohne diese Vorläuferinnen hätten Jane Austen, die Brontës oder George Eliot ebenso wenig schreiben können, wie Shakespeare ohne Marlowe geschrieben hätte oder Marlowe ohne Chaucer oder Chaucer ohne jene vergessenen Dichter, die den Weg bereiteten und die natürliche Wildheit der Zunge bändigten. Denn Meisterwerke sind keine einzelnen und einsamen Geburten; sie sind das Ergebnis vieler Jahre gemeinsamen Denkens, des Denkens des gesamten Volkes, sodass die Erfahrung der Masse hinter der einzelnen Stimme steht. Jane Austen hätte einen Kranz auf das Grab von Fanny Burney legen und George Eliot dem robusten Schatten von Eliza Carter Ehre erweisen sollen[7] – der tapferen alten Frau, die eine Glocke an ihr Bettgestell band, um möglichst zeitig aufzuwachen und Griechisch zu lernen. Alle Frauen zusammen sollten Blumen auf das Grab von Aphra Behn regnen lassen, das sich skandalöser-, aber völlig verdienterweise in Westminster Abbey befindet, denn sie war es, die ihnen das Recht erwarb, ihre eigene Meinung zu äußern. Sie ist es – so zwielichtig und voller Liebschaften ihr Leben auch war –, wegen der ich nicht wie ein bloßer Fantast klinge, wenn ich Ihnen heute Abend sage: Verdienen Sie fünfhundert im Jahr mithilfe Ihres Verstandes.

Hier war dann das frühe neunzehnte Jahrhundert erreicht. Und hier fand ich zum ersten Mal mehrere Regale, die ganz den Werken von Frauen vorbehalten waren. Aber warum, konnte ich nicht umhin zu fragen, als ich meinen Blick über sie schweifen ließ, waren es, von wenigen Ausnahmen abgesehen, alles Romane? Der ursprüngliche Impuls war das Dichten gewesen. Das »höchste Oberhaupt des Gesangs« war eine Dichterin.[8] Sowohl in Frankreich als auch in England gehen die Dichterinnen den Romanschriftstellerinnen voraus. Außerdem, dachte ich mit Blick auf die vier berühmten Namen, was hatte George Eliot mit Emily Brontë gemein? War Charlotte Brontë nicht daran gescheitert, Jane Austen zu verstehen? Außer der möglicherweise relevanten Tatsache, dass keine von ihnen ein Kind hatte, hätten sich in einem Raum wohl keine vier unterschiedlicheren Charaktere begegnen können – in einem Maße unterschiedlich, das dazu verführt, sich eine Zusammenkunft und ein Gespräch zwischen ihnen auszudenken. Und doch sahen sie sich alle durch eine seltsame Kraft genötigt, Romane zu schreiben, als sie schrieben. Hatte das etwas damit zu tun, dass sie aus der Mittelschicht stammten, fragte ich mich, und mit der Tatsache, die Emily Davies wenig später so unmissverständlich dargelegt hat, dass einer Familie der Mittelschicht im frühen neunzehnten Jahrhundert nur ein einziges Wohnzimmer zur allgemeinen Verfügung stand? Eine Frau, die schrieb, musste im gemeinsamen Wohnzimmer schreiben. Und sie wurde, wie Florence Nightingale sich vehement beschwerte – »Frauen haben nicht mal eine halbe Stunde … für sich allein« –, ständig unterbrochen. Aber es war immer noch leichter, auf diese Weise Prosa und Romane zu schreiben als Gedichte oder Dramen. Es verlangt weniger Konzentration. Jane Austen schrieb so bis ans Ende ihrer Tage. »Wie sie das alles bewerkstelligen konnte«, schrieb ihr Neffe in seinen Memoiren, »ist erstaunlich, denn sie hatte kein eigenes Arbeitszimmer, in das sie sich zurückziehen konnte, und einen Großteil der Arbeit muss sie im gemeinsamen Wohnzimmer erledigt haben, wo sie allen möglichen Störungen ausgesetzt war. Sie achtete darauf, dass ihre Beschäftigung weder den Dienstboten noch Besuchern oder irgendeiner anderen Person außerhalb der engsten Familie auffiel.«* Jane Austen versteckte ihre Manuskripte oder bedeckte sie mit einem Blatt Löschpapier. Außerdem war die einzige literarische Ausbildung, die eine Frau im frühen neunzehnten Jahrhundert bekam, die Ausbildung im Charakterstudium, in der Gefühlsanalyse. Ihr Empfindungsvermögen war jahrhundertelang unter Einwirkung des gemeinsamen Wohnzimmers geschult worden. Die Gefühle der anderen hatten sich ihr eingeschrieben; sie hatte die zwischenmenschlichen Beziehungen immer vor Augen. Deshalb schrieb die Frau der Mittelschicht, als sie sich dem Schreiben zuwandte, natürlicherweise Romane, obwohl zwei der vier hier genannten berühmten Frauen nicht von Natur aus Romanschriftstellerinnen waren, wie recht deutlich zu erkennen ist. Emily Brontë hätte lyrische Dramen schreiben sollen; die Überfülle des weiten Geistes von George Eliot hätte sich, als ihr schöpferischer Impuls versiegt war, ins Geschichtliche oder Biografische ergießen sollen. Dennoch

* *A Memoir of Jane Austen*, von ihrem Neffen James Edward Austen-Leigh

schrieben sie Romane, man könnte sogar noch weitergehen, sagte ich mir und nahm *Stolz und Vorurteil* aus dem Regal, und sagen, dass sie gute Romane schrieben. Man kann, ohne Übertreibung und ohne das andere Geschlecht zu verletzen, sagen, dass *Stolz und Vorurteil* ein gutes Buch ist. Jedenfalls hätte man sich nicht zu schämen brauchen, wäre man beim Schreiben von *Stolz und Vorurteil* überrascht worden. Und doch war Jane Austen froh, wenn eine Türangel knarrte, damit sie ihr Manuskript verstecken konnte, bevor jemand hereinkam. Für Jane Austen hatte das Schreiben von *Stolz und Vorurteil* etwas Anrüchiges. Aber, überlegte ich, wäre *Stolz und Vorurteil* ein besserer Roman geworden, wenn Jane Austen es nicht für nötig gehalten hätte, ihr Manuskript vor Besuchern zu verstecken? Ich las ein oder zwei Seiten, um das zu überprüfen, konnte aber keine Hinweise darauf finden, dass die Umstände ihrem Werk im Geringsten geschadet hatten. Das war vielleicht das größte Wunder daran. Hier gab es eine Frau, die um 1800 ohne Hass schrieb, ohne Bitterkeit, ohne Angst, ohne zu protestieren, ohne zu predigen. So schrieb Shakespeare, dachte ich mit Blick auf *Antonius und Kleopatra*, und diejenigen, die Shakespeare und Jane Austen vergleichen, meinen damit vielleicht, dass der Geist beider alles Hinderliche verbrannt hatte, und aus diesem Grund wissen wir nichts über Jane Austen und nichts über Shakespeare, und aus diesem Grund dringt Jane Austen aus jedem Wort, das sie schrieb, und so ist es auch bei Shakespeare. Wenn Jane Austen an irgendeinem der äußeren Umstände litt, dann an der Beengtheit des Lebens, das ihr auferlegt war. Für eine Frau war es unmöglich, allein auszugehen. Sie reiste nie, sie fuhr nie in einem Omnibus durch London oder aß allein in einem Restaurant zu Mittag. Aber vielleicht war es Jane Austen gegeben, nicht das zu wollen, was sie nicht hatte. Ihre Begabung und die Lebensumstände passten perfekt zusammen. Ich bezweifle allerdings, dass das auch für Charlotte Brontë gilt, sagte ich mir, schlug *Jane Eyre* auf und legte es neben *Stolz und Vorurteil.*

Ich schlug es bei Kapitel zwölf auf, und ein Satz sprang mir ins Auge: »Mag mich tadeln, wer will.« Wofür wurde Charlotte Brontë getadelt?, fragte ich mich. Und ich las, dass Jane Eyre immer, wenn Mrs Fairfax Gelee zubereitete, aufs Dach stieg und über die Felder in die Ferne schaute. Und dann sehnte sie sich – und das war es, wofür sie getadelt wurde – »nach einem Sehvermögen, das diese Grenze überwinden konnte und bis in die betriebsame Welt reichte, bis in Städte und Gegenden voller Leben, von denen ich gehört, die ich aber nie gesehen hatte; weil ich mir mehr Lebenserfahrung wünschte, als ich besaß, mehr Austausch mit meinesgleichen, mehr und vielseitigere Bekanntschaften, als sie mir hier zur Verfügung standen. Ich wusste das Gute an Mrs Fairfax und Adèle zu schätzen, doch ich glaubte an die Existenz noch anderer, leidenschaftlicherer Qualitäten, und was ich glaubte, das wollte ich auch sehen.

Wer tadelt mich? Sicher viele, und manch einer wird mich unzufrieden nennen. Ich konnte es indes nicht ändern: Die Ruhelosigkeit lag in meiner Natur, und manchmal quälte sie mich. Dann fand ich nur Erleichterung, wenn ich den Korridor im dritten Stock auf und ab ging, geborgen in der Stille und Einsamkeit des Winkels, und meinem geistigen Auge erlaubte, bei allen vor ihm auftauchenden strahlenden Visionen zu verweilen – und es gab deren viele und glühende –, wenn ich meinem Herzen gestattete, sich von der jauchzenden Erregung emportragen zu lassen, in der es zwar vor Unruhe schwoll, sich aber auch lebendig weitete; und wenn ich – das war das Beste – mein inneres Ohr einer nicht enden wollenden Geschichte öffnete, einem Märchen, das meine Fantasie schuf und unaufhörlich weitererzählte, erfüllt von all dem Leben, Feuer und Gefühl, nach dem ich mich sehnte und das ich in meinem gegenwärtigen Dasein nicht besaß.

Es ist zwecklos, von den Menschen zu fordern, sie sollten sich mit einem beschaulichen Dasein zufriedengeben. Sie brauchen Tätigkeit und Veränderung, und wer sie nicht hat, verschafft sie sich. Millionen sind zu einem stilleren Los verurteilt als ich, und Millionen lehnen sich insgeheim gegen ihr Schicksal auf. Niemand weiß, wie viel Rebellion – abgesehen von der politischen Rebellion – in den Menschenmassen gärt, die die Erde bevölkern. Es heißt, Frauen seien im Allgemeinen still und friedlich, aber Frauen empfinden genauso wie Männer, sie wollen genauso wie ihre Brüder ihre Talente anwenden und sich bewähren; sie leiden unter allzu strenger Einengung, unter völligem Stillstand genauso, wie die Männer leiden würden, und es ist engstirnig, wenn ihre bevorrechteten Mitmenschen fordern, sie sollten sich damit begnügen, Pudding zu kochen und Strümpfe zu stricken, Klavier zu spielen und Taschen zu besticken. Es ist gedankenlos, sie zu verurteilen oder auszulachen, wenn sie mehr tun oder lernen wollen, als Sitten und Gebräuche für ihr Geschlecht vorsehen.

Wenn ich so allein war, hörte ich nicht selten das Lachen von Grace Poole ...«[9]

Das ist ein ungeschickter Bruch, dachte ich. Es ist ärgerlich, auf einmal auf Grace Poole zu stoßen. Der Erzählfluss wird unterbrochen. Man könnte sagen, dachte ich und legte das Buch neben *Stolz und Vorurteil*, dass die Frau, die diese Seiten schrieb, mehr Genie besaß als Jane Austen, aber wenn man sie noch einmal liest und diesen Bruch bemerkt, diese Empörung, dann sieht man, dass sie ihr Genie nie unversehrt und zur Gänze zum Ausdruck bringen wird. Ihre Bücher werden entstellt und verzerrt sein. Sie wird im Zorn schreiben, wo sie ruhig schreiben sollte. Sie wird töricht schreiben, wo sie klug schreiben sollte. Sie wird über sich selbst schreiben, wo sie über ihre Figuren schreiben sollte. Sie hadert mit ihrem Schicksal. Was blieb ihr übrig, als jung zu sterben, eingeengt und gebrochen?

Man kam nicht umhin, für einen Augenblick mit dem Gedanken zu spielen, wie es gewesen wäre, wenn Charlotte Brontë, sagen wir, dreihundert im Jahr zur Verfügung gehabt hätte – aber die törichte Frau verkaufte sämtliche Rechte an ihren Romanen für ganze eintausendfünfhundert Pfund; wenn sie die geschäftige Welt und Städte und Gegenden voll Leben hätte kennenlernen können; mehr praktische Erfahrung besitzen und Umgang mit ihresgleichen haben und die Bekanntschaft mit unterschiedlichen Persönlichkeiten hätte machen können. In diesen Worten legt sie den Finger nicht nur exakt auf ihre eigenen Mängel als Schriftstellerin, sondern auf die ihres Geschlechts zur damaligen Zeit. Niemand wusste besser als sie, wie immens ihr Genie davon profitiert hätte, wenn es sich nicht im einsamen Blick über ferne Felder hätte verausgaben müssen; wenn ihr Erfahrung, Umgang und Reisen gestattet worden wären. Aber sie wurden ihr nicht gestattet; sie wurden ihr vorenthalten; und wir müssen die Tatsache akzeptieren, dass all diese guten Romane wie *Villette*, *Emma*, *Sturmhöhe*, *Middlemarch* von Frauen geschrieben wurden, die nicht mehr Lebenserfahrung besaßen, als im Haus eines ehrbaren Geistlichen zugelassen war; und die ebenfalls im gemeinsamen Wohnzimmer dieses ehrbaren Hauses geschrieben wurden, von Frauen, die so arm waren, dass sie es sich nicht leisten konnten, mehr als jeweils einige wenige Bögen Papier zu kaufen, um darauf *Sturmhöhe* oder *Jane Eyre* zu schreiben. Eine von ihnen, George Eliot, entkam, das stimmt, nach vielerlei Beschwernissen, aber sie entkam nur in eine abgeschiedene Villa in St. John's Wood. Und dort ließ sie sich im Schatten allgemeiner Missbilligung nieder. »Ich möchte klarstellen«, schrieb sie, »dass ich niemals jemanden einladen werde, mich zu besuchen, der nicht um Einladung gebeten hat«; denn lebte sie nicht in Sünde mit einem verheirateten Mann, und könnte ihr Anblick nicht die Keuschheit von Mrs Smith oder wem auch immer gefährden, der unangemeldet vorbeikäme? Man muss sich den sozialen Konventionen fügen und ist »abgeschnitten von dem, was Welt heißt«. Zur selben Zeit gab es auf der anderen Seite Europas einen jungen Mann, der frei mit dieser Zigeunerin oder jener höhergestellten Dame lebte, in den Krieg zog, ungehindert und unzensiert all die unterschiedlichen Erfahrungen des menschlichen Lebens machen konnte, die ihm später so vorzüglich zum Schreiben seiner Bücher dienten. Hätte Tolstoi mit einer verheirateten Dame abgeschieden im Kloster gelebt, »abgeschnitten von dem, was Welt heißt«, so erbaulich die Lektion in Moral auch gewesen wäre, hätte er kaum, dachte ich, *Krieg und Frieden* schreiben können.

Aber vielleicht sollte man noch etwas tiefer in die Frage des Romanschreibens und die Wirkung des Geschlechts auf den Romancier einsteigen. Schließt man die Augen und stellt sich den Roman als Ganzes vor, erscheint er einem als ein Gebilde, das eine gewisse spiegelbildliche Ähnlichkeit mit dem Leben hat, natürlich mit unzähligen Vereinfachungen und Verfälschungen. Jedenfalls handelt es sich um eine Konstruktion, die vor dem geistigen Auge Gestalt annimmt, mal quadratisch angelegt, mal in Form einer Pagode, mal mit ausgebreiteten Flügeln und Arkaden, mal massiv, solide und kuppelförmig wie die Kathedrale der Hagia Sophia in Konstantinopel. Diese Gestalt, dachte ich in Rückbesinnung auf gewisse berühmte Romane, weckt in uns die ihr angemessene Art der Empfindung. Aber so eine Empfindung mischt sich sofort mit anderen, weil »die Gestalt« nicht durch die Verbindung von Stein zu Stein entsteht, sondern durch die von Mensch zu Mensch. Und so weckt ein Roman in uns alle möglichen widerstreitenden und gegensätzlichen Empfindungen. Das Leben und das, was nicht das Leben ist, geraten miteinander in Konflikt. Daher die Schwierigkeit, sich in Bezug auf Romane einig zu werden, und die ungeheure Macht, die unsere persönlichen Vorurteile über uns haben. Einerseits haben wir das Gefühl, dass DU – John, der Held – leben musst, oder ich stürze in tiefste Verzweiflung. Andererseits haben wir das Gefühl: Ach, leider musst du sterben, John, weil es die Gestalt des Buches so verlangt. Das Leben und das, was nicht das Leben ist, geraten miteinander in Konflikt. Da es aber zum Teil Leben ist, beurteilen wir es wie das Leben. James ist die Art Mann, die ich am meisten verabscheue, sagt man. Oder: Was für ein gequirlter Unsinn. So etwas könnte ich selbst nie empfinden. Die gesamte Konstruktion, wird bei der Rückbesinnung auf jeden beliebigen berühmten Roman offenbar, ist unendlich vielschichtig, da sie sich aus so vielen verschiedenen Urteilen, so vielen verschiedenen Empfindungen zusammensetzt. Das Wunder daran ist, dass ein Buch, das so konstruiert ist, überhaupt mehr als ein oder zwei Jahre überlebt und für die englischen Leser bedeuten kann, was es auch für die russischen oder chinesischen Leser bedeutet. Aber zuweilen überleben sie auf ganz erstaunliche Weise. Und was sie in diesen seltenen Fällen überleben lässt (ich dachte an *Krieg und Frieden*), ist etwas, was man Integrität nennt, obwohl es nichts damit zu tun hat, dass man seine Rechnungen bezahlt oder sich in einem Notfall anständig verhält. Was man im Falle des Romanciers unter Integrität versteht, ist die Überzeugung, die er einem vermittelt, dass dies die Wahrheit sei. Ja, empfindet man, ich hätte nie gedacht, dass es so sein könnte, mir sind nie Menschen begegnet, die sich so verhalten hätten. Aber du hast mich überzeugt, dass es so ist, so passiert. Man hält jeden Satz, jede Szene gegen das Licht, wenn man liest – denn die Natur scheint uns seltsamerweise mit einem inneren Licht ausgestattet zu haben, mit dem wir beurteilen können, ob ein Romancier integer ist oder nicht. Oder vielleicht ist es eher so, dass die Natur in ihrer irrationalsten Laune eine Vorahnung in unsichtbarer Tinte an die Wände unseres Geistes skizziert hat, die diese großen Künstler bestätigen; einen Entwurf, der nur an das Feuer des Genies gehalten werden muss, um sichtbar zu werden. Wenn man ihn auf diese Weise ans Licht holt und sieht, wie er zum Leben erwacht, ruft man verzückt aus: Aber das ist es, was ich immer schon gefühlt, gewusst und ersehnt habe! Und man kocht über vor Begeisterung und schlägt das Buch sogar mit einer gewissen Ehrfurcht zu wie etwas sehr Kostbares, ein Halt, auf den man sein Leben lang zurückgreifen kann, und stellt es zurück ins Regal, sagte ich und nahm *Krieg und Frieden*, um es zurück an seinen Platz zu stellen. Wenn jedoch diese armen Sätze, die man sich zum Prüfen vornimmt, mit ihren hellen Farben und forschen Gesten anfangs zwar eine schnelle und eifrige Resonanz hervorrufen, dann aber dort stehen bleiben: etwas scheint sie in ihrer Entwicklung zu hemmen –, oder wenn sie nur ein blasses Gekritzel in dieser Ecke und einen Flecken dort drüben ans Licht bringen und nichts in Gänze und unversehrt erscheint, dann stößt man einen Seufzer der Enttäuschung aus und sagt: Wieder ein Fehlschlag. Dieser Roman ist an irgendeiner Stelle gescheitert.

Und zum größten Teil scheitern Romane natürlich irgendwo. Die Einbildungskraft gerät unter großer Belastung ins Wanken. Das Erkenntnisvermögen ist gestört; es kann nicht länger zwischen Wahr und Falsch unterscheiden; es hat nicht länger die Kraft, die ungeheure Arbeit fortzusetzen, die in jedem Augenblick den Einsatz so vieler verschiedener Fähigkeiten erfordert. Aber wie wird das alles vom Geschlecht des Romanciers beeinflusst, überlegte ich mit Blick auf *Jane Eyre* und die anderen. Sollte die Tatsache ihres Geschlechts die Integrität einer Romanschriftstellerin auf irgendeine Weise beeinträchtigen – eine Integrität, die ich für das Rückgrat des Schriftstellers halte? In den Passagen, die ich aus *Jane Eyre* zitiert habe, ist klar geworden, dass der Zorn die Integrität der Romanschriftstellerin Charlotte Brontë in Mitleidenschaft zog. Sie hat ihre Geschichte, der ihre ganze Hingabe hätte gelten sollen, verlassen, um sich einem persönlichen Groll hinzugeben. Sie erinnerte sich daran, dass ihr das Recht auf Erfahrung vorenthalten worden war – gezwungen, in einem Pfarrhaus über dem Strümpfestopfen zu versauern, wo sie doch frei in der Welt hatte umherziehen wollen. Ihre Einbildungskraft schweifte vor Empörung ab, und wir spüren, wie sie abschweift. Aber neben dem Zorn gab es noch viele weitere Einflüsse, die an ihrer Einbildungskraft zerrten und sie vom Weg abbrachten. Unwissenheit zum Beispiel. Bei der Gestaltung von

Rochester tappt sie im Dunkeln. Wir spüren darin den Einfluss der Angst; so wie wir auch ständig eine ätzende Schärfe spüren, Resultat der Unterdrückung, ein vergrabenes Leiden, das unter ihrer Leidenschaft schwelt, eine Verbitterung, die diese Bücher, so großartig sie sind, mit einem Schmerzkrampf durchzuckt.

Und da ein Roman diese Ähnlichkeit mit dem wirklichen Leben hat, sind seine Werte bis zu einem gewissen Grad die des wirklichen Lebens. Aber es ist offensichtlich, dass die Werte von Frauen sich sehr häufig von den Werten unterscheiden, die vom anderen Geschlecht gemacht worden sind; natürlich ist das so. Und doch sind es die männlichen Werte, die vorherrschen. Grob gesagt, Fußball und Sport sind »wichtig«, der Kult um die Mode, das Kaufen von Kleidung »banal«. Und diese Werte werden zwangsläufig vom Leben auf die Literatur übertragen. Dieses Buch ist bedeutend, nimmt der Kritiker an, weil es vom Krieg handelt. Dieses Buch ist unbedeutend, weil es von den Gefühlen von Frauen im Salon handelt. Eine Szene auf dem Schlachtfeld ist bedeutender als eine Szene in einem Geschäft – überall und viel subtiler hält sich dieser Unterschied der Werte. Deshalb entstand die gesamte Konstruktion des Romans im frühen neunzehnten Jahrhundert, wenn eine Frau ihn schrieb, aus einem Geist heraus, der vom geraden Weg leicht abweichen und seinen klaren Blick aus Rücksicht auf eine äußere Autorität abändern musste. Man muss diese alten vergessenen Romane nur überfliegen und auf den Tonfall hören, in dem sie geschrieben wurden, um intuitiv zu erkennen, dass der Schriftstellerin Kritik entgegenschlug; sie sagte dieses aus einer Aggression heraus oder jenes zur Versöhnung. Sie gab zu, dass sie »nur eine Frau« war, oder beteuerte, dass sie »so gut wie ein Mann« war. Sie begegnete dieser Kritik, wie ihr Temperament es ihr diktierte, mit Fügsamkeit und Schüchternheit oder mit Zorn und Emphase. Womit spielt keine Rolle; sie dachte an etwas anderes als an die Sache selbst. Rums, fällt uns ihr Buch auf den Kopf. Mittendrin gibt es eine Schwachstelle. Und ich dachte an all die Romane von Frauen, die verstreut wie kleine pockennarbige Äpfel in einem Obstgarten in den Antiquariaten Londons liegen. Es war die Schwachstelle in der Mitte, die sie verfaulen ließ. Die Romanschriftstellerin hatte ihre eigenen Werte aus Rücksicht auf die Meinung anderer geändert.

Aber wie unmöglich muss es für sie gewesen sein, nicht abzuweichen, weder nach rechts noch nach links. Welch ein Genie, welch eine Integrität muss angesichts all dieser Kritik erforderlich gewesen sein, um inmitten dieser rein patriarchalischen Gesellschaft an der Sache festzuhalten, wie sie sie sahen, ohne nachzugeben. Nur Jane Austen tat es, und Emily Brontë. Das ist eine weitere Feder, vielleicht die edelste, an ihrem Hut. Sie schrieben, wie Frauen schreiben, nicht wie Männer schreiben. Von all den tausend Frauen, die damals Romane schrieben, haben nur sie die unaufhörlichen Ermahnungen des ewigen Schulmeisters komplett ignoriert – schreibe dieses, denke jenes. Nur sie hatten taube Ohren für diese aufdringliche Stimme, die mal nörgelte, mal bevormundete, mal tyrannisch, mal betrübt, mal schockiert, mal zornig, mal onkelhaft war, diese Stimme, die Frauen nicht in Ruhe lassen kann, sondern sie wie eine allzu pflichtbewusste Gouvernante nerven muss, sie, wie Sir Egerton Brydges, beschwört, sich züchtig zu verhalten, die selbst aus der Kritik an Gedichten noch eine Kritik am Geschlecht macht*, die sie ermahnt, wenn sie gut sein und vermutlich einen glänzenden Preis gewinnen könnten, gewisse Grenzen nicht zu überschreiten, die der betreffende Herr für angemessen hält – »... weibliche Romanciers sollten Exzellenz nur anstreben, indem sie mutig die Grenzen ihres Geschlechts anerkennen«.** Das bringt die Sache auf den Punkt, und wenn ich Ihnen, was Sie sicher überraschen wird, sage, dass dieser Satz nicht im August 1828, sondern im August 1928[10] geschrieben wurde, stimmen Sie, glaube ich, mit mir überein, dass er, wie sehr er uns jetzt auch amüsieren mag, eine gewaltige Masse an Meinungen repräsentiert – ich werde diese alten Tümpel nicht mehr aufwühlen; ich greife nur auf, was mir der Zufall vor die Füße gespült hat –, die vor einem Jahrhundert noch weitaus heftiger und lauter kundgetan wurden. 1828 hätte man schon

* »(Sie) hat einen metaphysischen Antrieb und das ist eine gefährliche Obsession, besonders bei einer Frau, denn Frauen besitzen selten die gesunde Liebe der Männer zur Rhetorik. Es ist ein seltsamer Mangel des Geschlechts, das in anderen Dingen primitiver und materialistischer ist.« *New Criterion*, Juni 1928

** »Wenn man wie der Rezensent glaubt, dass Romanschriftstellerinnen Exzellenz nur anstreben sollten, indem sie mutig die Grenzen ihres Geschlechts anerkennen (Jane Austen [hat] gezeigt, wie elegant diese Geste ausgeführt werden kann ...).« *Life and Letters*, August 1928 eine sehr robuste junge Frau sein müssen, um alle diese Rüffel und Tadel und Versprechen von Preisen zu ignorieren. Man hätte so etwas wie eine Unruhestifterin sein müssen, um sich zu sagen: Tja, aber die Literatur können sie nicht auch noch kaufen. Die Literatur ist für alle da. Ich weigere mich, Ihnen die Erlaubnis zu erteilen, mich vom Rasen zu verweisen, Pedell hin oder her. Schließt meinetwegen eure Bibliotheken ab, aber es gibt kein Tor, kein Schloss und keinen Riegel, die ihr vor die Freiheit des Geistes setzen könnt.

Aber wie sehr sich Entmutigung und Kritik auch auf ihr Schreiben auswirkten – und ich glaube, dass sie sich sehr auswirkten –, es war doch unbedeutend im Vergleich zu der anderen Schwierigkeit, der sich Frauen gegenübersahen, sobald sie ihre Gedanken zu Papier brachten (ich dachte immer noch über die Romanschriftstellerinnen des frühen neunzehnten Jahrhunderts nach) – nämlich der, dass keine Tradition hinter ihnen stand oder nur eine so kurze und unvollständige, dass sie keine große Hilfe war. Denn als Frauen denken wir durch unsere Mütter zurück. Es nützt nichts, sich Rat suchend an die großen männlichen Schriftsteller zu wenden, wie sehr man sich auch aus reinem Vergnügen an sie wenden mag. Lamb, Browne, Thackeray, Newman, Sterne, Dickens, De Quincey – wer immer es ist – haben einer Frau noch nie geholfen, auch wenn sie vielleicht ein paar Tricks von ihnen gelernt und für ihren eigenen Gebrauch abgewandelt hat. Das Gewicht, das Tempo, der Schritt des männlichen Geistes sind von ihrem eigenen zu verschieden, um ihm erfolgreich etwas Wesentliches abzugewinnen. Um ihn gewissenhaft nachzuäffen, ist sie zu weit von ihm entfernt. Wahrscheinlich würde sie, wenn sie den Stift aufs Papier setzte, als Erstes feststellen, dass es keinen geläufigen Satz gibt, den sie benutzen könnte. Alle großen Romanciers wie Thackeray, Dickens und Balzac schrieben eine natürliche Prosa, schnell, aber nicht schlampig, ausdrucksstark, aber nicht geschraubt, mit eigener Klangfarbe und trotzdem immer noch allen zugänglich. Sie bauten sie auf einem Satz auf, der damals geläufig war. Der Satz, der zu Beginn des neunzehnten Jahrhunderts geläufig war, könnte in etwa so gelautet haben: »Die Erhabenheit ihrer Werke war ihnen ein Ansporn, ließ sie nicht zurückschrecken, sondern weitermachen. Sie fanden keine größere Begeisterung und Erfüllung als in der Ausübung ihrer Kunst und am unendlichen Reichtum an Wahrheit und Schönheit. Erfolg ermuntert zur Anstrengung; und Gewohnheit begünstigt Erfolg.« Das ist ein männlicher Satz; dahinter kann man Johnson, Gibbon und den Rest sehen. Es war ein Satz, der sich nicht dazu eignete, von einer Frau benutzt zu werden. Charlotte Brontë stolperte und stürzte mit dieser schwerfälligen Waffe in den Händen, trotz all ihrer großartigen Begabung für Prosa. George Eliot beging damit Scheußlichkeiten, die jeder Beschreibung spotten. Jane Austen sah ihn sich an und lachte ihn aus und erfand einen vollkommen natürlichen, wohlgeformten Satz, der sich für ihren Gebrauch eignete, und wich nie davon ab. Obwohl sie weniger Begabung zum Schreiben besaß als Charlotte Brontë, konnte sie auf diese Weise unendlich viel mehr sagen. Da Freiheit und Fülle des Ausdrucks in der Kunst wesentlich sind, müssen sich ein solches Fehlen an Tradition, eine solche Knappheit und Unzulänglichkeit des Handwerkszeugs tatsächlich stark auf das Schreiben von Frauen ausgewirkt haben. Außerdem besteht ein Buch nicht aus Sätzen, die nahtlos aneinandergelegt, sondern aus Sätzen, die zu Arkaden oder Kuppeln errichtet sind, wenn ein Bild hier hilft. Und auch diese Gestalt wurde von Männern nach ihren Bedürfnissen und zu ihrem Nutzen gemacht. Es gibt keinen Grund zu der Annahme, dass sich die Form des Epos oder des lyrischen Dramas besser für eine Frau eignet, als sich der Satz für sie eignet. Aber alle älteren literarischen Formen waren zu der Zeit, als sie Schriftstellerin wurde, bereits hart und fest geworden. Nur der Roman war jung genug, um noch weich unter ihren Händen zu sein – möglicherweise ein weiterer Grund, warum sie Romane schrieb. Doch wer wollte selbst heute sagen, ob »der Roman« (ich setze ihn in Anführungszeichen, um mein Gefühl für die Unzulänglichkeit des Wortes zu markieren), wer wollte sagen, ob diese biegsamste aller Formen die passende Gestalt hat, um sich für ihren Gebrauch zu eignen? Wir werden zweifellos sehen, wie sie diese Form für sich zurechtklopft, wenn sie ihre Glieder frei bewegen kann; ein neues Vehikel, nicht unbedingt in Versform, für die Poesie schafft, die sie in sich hat. Denn es ist die Poesie, deren Entäußerung ihr immer noch verwehrt wird. Und ich setzte meinen Gedankengang mit der Überlegung fort, wie eine Frau heutzutage eine lyrische Tragödie in fünf Akten schreiben würde. Würde sie Verse verwenden? – würde sie nicht eher Prosa verwenden?

Aber das sind schwierige Fragen, die im Dämmerlicht der Zukunft liegen. Ich muss sie verlassen, schon allein deshalb, weil sie mich dazu anstacheln, von meinem Thema abzuschweifen, hinein in weglose Wälder, wo ich mich verirren und sehr wahrscheinlich von wilden Tieren verschlungen werde. Ich möchte dieses trostlose Thema, die Zukunft der Literatur, nicht anschneiden und bin sicher, Sie wünschen es sich ebenfalls nicht, und werde deshalb nur einen Augenblick verweilen, um Ihre Aufmerksamkeit auf die große Rolle zu lenken, die in dieser Zukunft, sobald sie Frauen betrifft, körperliche Bedingungen spielen werden. Das Buch muss sich dem Körper irgendwie anpassen, und aufs Geratewohl könnte man sagen, dass Bücher von Frauen kürzer, konzentrierter als die von Männern sein sollten und so gestaltet, dass sie nicht lange Stunden regelmäßiger und ununterbrochener Arbeit erfordern. Denn Unterbrechungen wird es immer geben. Die Nerven, die den Geist versorgen, scheinen bei Frauen und Männern verschieden zu sein, und wenn man sie auf die beste und stärkste Weise belasten will, muss man herausfinden, welche Behandlung sich für sie eignet – ob sich beispielsweise diese stundenlangen Vorlesungen, die sich vermutlich die Mönche vor Hunderten von Jahren ausdachten, für sie eignen –, welche Abfolge von Arbeit und Erholung sie brauchen, wobei erholen nicht bedeutet, nichts zu tun, sondern etwas zu tun, etwas,

was anders ist, und worin besteht dieses Andere? Das alles sollte diskutiert und herausgefunden werden; das gehört alles zur Frage von Frauen und Literatur. Aber wo, fuhr ich fort und näherte mich erneut dem Bücherregal, soll ich diese ausführliche Untersuchung der Psychologie der Frauen, geschrieben von einer Frau, bloß finden? Wenn Frauen wegen ihrer Unfähigkeit, Fußball zu spielen, keine Ärztinnen werden dürfen –

Glücklicherweise wurden meine Gedanken hier in eine andere Richtung gelenkt.

Kapitel 5

Endlich war ich auf meinem Streifzug bei den Regalen angelangt, in denen die Bücher von Lebenden standen; von Frauen und Männern, denn mittlerweile gibt es beinahe so viele Bücher von Frauen wie von Männern. Oder falls das noch nicht ganz zutrifft, falls das männliche Geschlecht noch immer das wortreichere sein sollte, trifft es doch mit Sicherheit zu, dass Frauen nicht länger ausschließlich Romane schreiben. Es gibt Jane Harrisons Bücher über griechische Archäologie, Vernon Lees Bücher zur Ästhetik, Gertrude Bells Bücher über Persien. Es gibt Bücher zu allen möglichen Themen, die eine Frau vor einer Generation nicht hätte aufgreifen können. Es gibt Gedichte, Theaterstücke und Literaturkritik, es gibt Geschichtswerke und Biografien, Reisebücher und Doktorarbeiten und Forschungsschriften, es gibt sogar einige Bücher über Philosophie und über Natur- und Wirtschaftswissenschaften. Und obwohl die Romane überwiegen, mag sich der Roman als solcher durch die Gesellschaft von Büchern anderer Art verändert haben. Seine natürliche Einfachheit und das epische Zeitalter weiblichen Schreibens könnten Vergangenheit sein. Lektüre und Literaturkritik haben der Schriftstellerin möglicherweise eine größere Bandbreite, mehr Subtilität verliehen. Der Drang zur Autobiografie hat sich möglicherweise erschöpft. Sie fängt möglicherweise an, das Schreiben als Kunst, nicht als Methode zur Selbstentfaltung zu betrachten. Unter diesen neuen Romanen könnte man vielleicht eine Antwort auf verschiedene solcher Fragen finden.

Wahllos nahm ich einen von ihnen aus dem Regal. Er stand ganz am Ende des Fachs, hieß *Life's Adventure* oder so ähnlich, von Mary Carmichael[1], und war gerade in diesem Monat Oktober erschienen. Es scheint ihr erstes Buch zu sein, sagte ich mir, aber man sollte es lesen, als wäre es der letzte Band einer ziemlich langen Reihe, es schließt an all die anderen Bücher an, die ich mir angeschaut hatte – Lady Winchilseas Gedichte und Aphra Behns Theaterstücke und die Romane der vier großen Romanautorinnen. Denn Bücher schließen aneinander an, trotz unserer Angewohnheit, sie einzeln zu beurteilen. Außerdem muss ich sie – diese unbekannte Frau – auch als Nachfahrin all der anderen Frauen betrachten, deren Lebensumstände ich mir angeschaut hatte, und herausfinden, welche ihrer Eigenschaften und Einschränkungen sie geerbt hat. Seufzend, weil Romane einen oft sedieren und nicht stimulieren, in einen benommenen Schlummer versenken, statt einen mit brennender Fackel wachzurütteln, ließ ich mich also mit Notizbuch und Stift nieder, um Mary Carmichaels erstem Roman *Life's Adventure* auf die Spur zu kommen.

Anfangs wanderte mein Blick über die Seite. Ich muss als Erstes den Dreh ihrer Sätze herausbekommen, sagte ich mir, bevor ich mein Gedächtnis mit blauen Augen und braunen und der Beziehung belade, die es zwischen Chloe und Roger geben mag. Dafür wird noch genug Zeit sein, sobald ich entschieden habe, ob sie einen Stift in ihrer Hand hält oder eine Streitaxt. Also legte ich mir einen oder zwei Sätze auf die Zunge. Schnell wurde klar, dass etwas nicht ganz stimmte. Das geschmeidige Gleiten von Satz zu Satz wurde unterbrochen. Etwas riss, etwas kratzte; hier und da blendete mich grell ein einzelnes Wort. Sie »gab sich aus der Hand«, wie es in den alten Dramen heißt. Sie ist wie jemand, der ein Streichholz anreißt, das sich nicht entzünden will, dachte ich. Aber warum, fragte ich sie, als wäre sie anwesend, haben die Sätze von Jane Austen für dich nicht die richtige Form? Müssen sie alle auf den Müll, weil Emma und Mr Woodhouse tot sind? Was für ein Jammer, seufzte ich, wenn es so wäre. Denn während Jane Austen geschmeidig von einer Melodie zur nächsten gleitet wie Mozart von einem Lied zum anderen, fühlte man sich beim Lesen dieses Textes wie in einem offenen Boot auf hoher See. Hoch ging es, runter sank es. Dieses Abrupte, diese Kurzatmigkeit könnten bedeuten, dass sie vor etwas Angst hatte, Angst vielleicht davor, als »empfindsam« bezeichnet zu werden, oder sie erinnert sich daran, dass das Schreiben von Frauen blumig genannt worden ist, und liefert ein Übermaß an Dornen, aber bevor ich nicht eine Szene gründlich gelesen habe, kann ich nicht sicher sein, ob sie sie selbst ist oder jemand anderes. Jedenfalls schwächt sie einem nicht die Lebenskraft, dachte ich und las gründlicher. Aber sie häuft zu viele Fakten an. In einem Buch dieses Umfangs wird sie nicht einmal die Hälfte davon gebrauchen können. (Es war etwa halb so lang wie *Jane Eyre*.) Auf irgendeine Weise gelang es ihr allerdings, uns alle – Roger, Chloe, Olivia, Tony und Mr Bigham – flussaufwärts in ein Kanu zu setzen. Moment mal, sagte ich und lehnte mich in meinem Stuhl zurück, ich muss über die ganze Sache gründlicher nachdenken, bevor ich weitermache. Ich bin fast sicher, sagte ich mir, dass Mary Carmichael uns einen Streich spielt. Denn ich fühle mich, wie man sich in einer Achterbahn fühlen würde, wenn der Wagen, statt wie erwartet abwärts zu rasen, wieder nach oben schwenkt. Mary bastelt an der zu erwartenden Abfolge herum. Erst hat sie den Satz zerstört, jetzt zerstört sie die Abfolge. Na schön, beides ist ihr gutes Recht, solange sie es nicht um des Zerstörens willen tut, sondern um etwas zu erschaffen. Was von beidem zutrifft, weiß ich erst mit Sicherheit, wenn sie sich einer Situation gestellt hat. Ich werde ihr alle Freiheiten geben, sagte ich, sich auszusuchen, welche Situation das sein soll, sie kann sie aus Blechdosen und alten Kesseln bauen, wenn sie will, aber sie muss mich davon überzeugen, dass es für sie eine Situation ist, und wenn sie sie gebaut hat, muss sie sich ihr stellen. Sie muss springen. Und, entschlossen, ihr gegenüber meine Pflicht als Leserin zu erfüllen, wenn sie mir gegenüber ihre Pflicht als Schriftstellerin erfüllen würde, blätterte ich um und las … Entschuldigen Sie, dass ich hier so abrupt abbreche. Sind wirklich keine Männer anwesend? Versprechen Sie mir, dass sich hinter diesem roten Vorhang dort drüben nicht die Gestalt von Sir Chartres Biron verbirgt?[2] Wir sind alle Frauen, versichern Sie mir? Dann kann ich Ihnen sagen, dass die nächsten Worte, die ich las, folgende waren: »Chloe mochte Olivia …« Zucken Sie nicht zusammen. Erröten Sie nicht. Lassen Sie uns, wo wir ungestört unter uns sind, zugeben, dass diese Dinge manchmal vorkommen. Manchmal mögen Frauen eben Frauen.

»Chloe mochte Olivia«, las ich. Und dann begriff ich, was das für eine enorme Veränderung war. Chloe mochte Olivia vielleicht zum ersten Mal in der Literatur. Kleopatra mochte Octavia nicht. Und wie vollkommen anders *Antonius und Kleopatra* geworden wäre, hätte sie sie gemocht! So allerdings, dachte ich und ließ, fürchte ich, meine Gedanken etwas von *Life's Adventure* abschweifen, ist das Ganze vereinfacht, den Konventionen angepasst, man möchte fast sagen, bis ins Absurde. Kleopatras einziges Gefühl gegenüber Octavia ist Eifersucht. Ist sie größer als ich? Wie trägt sie die Haare? Das Stück erforderte vielleicht nicht mehr. Aber wie interessant wäre es gewesen, wenn die Beziehung zwischen den beiden Frauen komplexer gewesen wäre. Alle Beziehungen zwischen Frauen, dachte ich und rief mir rasch die prächtige Galerie fiktiver Frauen ins Gedächtnis, sind zu einfach. So viel wurde ausgelassen, blieb unversucht. Und ich versuchte, mich an ein Beispiel im Laufe meiner Lektüre zu erinnern, wo Frauen als Freunde geschildert werden. Es gibt einen Ansatz dazu in *Diana of the Crossways*.[3] Natürlich können sie Vertraute sein, wie bei Racine und in den griechischen Tragödien. Hin und wieder sind sie Mutter und Tochter. Aber sie werden beinahe ohne Ausnahme in ihrer

Beziehung zu Männern gezeigt. Denkt man darüber nach, ist es doch seltsam, dass alle großen Frauen in der Literatur bis zur Zeit Jane Austens nicht nur durch die Augen des anderen Geschlechts gesehen wurden, sondern auch nur in Beziehung zum anderen Geschlecht. Und was für ein kleiner Teil ist das im Leben einer Frau, und wie wenig kann ein Mann sogar darüber nur wissen, wenn er es durch die schwarze oder rosa Brille sieht, die sein Geschlecht ihm auf die Nase setzt. Daher vielleicht das sonderbare Wesen der Frauen in der Literatur; die erstaunlichen Extreme ihrer Schönheit oder Abscheulichkeit, ihr Wechsel zwischen himmlischer Güte und höllischer Verdorbenheit – denn so mochte ein Liebhaber sie sehen, je nachdem, ob seine Liebe wuchs oder schwand, ob er glücklich oder unglücklich war. Das trifft natürlich nicht ganz auf die Romanciers des neunzehnten Jahrhunderts zu. Hier wird die Frau vielfältiger und komplexer. Vielleicht war es tatsächlich das Bedürfnis, über Frauen zu schreiben, das Männer dazu brachte, das lyrische Drama nach und nach aufzugeben, das aufgrund seiner Gewalttätigkeiten so wenig mit Frauenfiguren anfangen konnte, und stattdessen den Roman als ein passenderes Vehikel zu entwickeln. Auch so bleibt selbst in den Werken von Proust noch offenkundig, dass ein Mann in seinem Wissen über Frauen schrecklich eingeschränkt und einseitig ist, so wie Frauen in ihrem Wissen über Männer.

Außerdem, überlegte ich weiter und schaute erneut auf die Buchseite, zeigt sich langsam, dass Frauen ebenso wie Männer noch andere Interessen neben dem unaufhörlichen Interesse am Familienleben haben. »Chloe mochte Olivia. Sie teilten sich ein Labor …«[4] Ich las weiter und stellte fest, dass die beiden jungen Frauen damit beschäftigt waren, Leber zu pürieren, was offenbar ein Heilmittel gegen bösartige Blutarmut ist, obwohl eine von ihnen verheiratet war und – wie ich zu wissen meine – zwei kleine Kinder hatte. All das musste früher ausgelassen werden, und deshalb ist das glanzvolle Porträt der Frau in der Literatur viel zu schlicht und viel zu eintönig. Angenommen, Männer wären beispielsweise in der Literatur nur als Geliebte von Frauen vorgekommen und nie als Freunde von Männern, als Soldaten, Denker, Träumer; wie wenige Rollen es in den Stücken von Shakespeare für sie gegeben hätte; wie die Literatur darunter leiden würde! Wir hätten vielleicht das meiste von Othello und einen Gutteil von Antonius, aber keinen Cäsar, keinen Brutus, keinen Hamlet, keinen Lear, keinen Jaques – die Literatur wäre unvorstellbar arm, so wie die Literatur tatsächlich unbegreiflich arm ist wegen der Türen, die Frauen verschlossen wurden. Gegen ihren Willen verheiratet, in ein Zimmer gesperrt zum Zweck einer einzigen Beschäftigung, wie sollte ein Dramatiker da umfassend oder interessant oder wahrheitsgemäß über sie berichten? Die Liebe war der einzig mögliche Zugang. Der Dichter war gezwungen, leidenschaftlich oder bitter zu sein, falls er sich nicht sowieso dazu hinreißen ließ, »Frauen zu hassen«, was in den meisten Fällen bedeutete, dass Frauen ihn nicht anziehend fanden.

Wenn Chloe Olivia also mag und sie sich ein Labor teilen, was allein schon ihre Freundschaft vielfältiger und dauerhafter macht, weil es weniger privat ist; wenn Mary Carmichael schreiben kann, und etwas an ihrem Stil begann mir zu gefallen, wenn sie ein Zimmer für sich hat, worüber ich mir nicht sicher bin; wenn sie fünfhundert im Jahr hat – aber das muss sich erst noch zeigen –, dann, glaube ich, ist etwas sehr Wichtiges passiert.

Denn wenn Chloe Olivia mag und Mary Carmichael weiß, wie man das ausdrückt, wird sie eine Fackel in diesem gewaltigen Raum entzünden, in dem noch niemand gewesen ist. Er ist ganz in Halbdunkel und tiefe Schatten getaucht wie diese gewundenen Höhlen, in denen man im Licht einer Kerze in die Gänge späht, ohne zu wissen, wohin man tritt. Und wieder begann ich zu lesen und las, wie Chloe Olivia dabei zuschaute, wie sie ein Glas auf ein Regal stellte und sagte, dass es Zeit sei, nach Hause zu ihren Kindern zu gehen. Das hat die Welt noch nie gesehen, rief ich aus. Und auch ich schaute zu, sehr neugierig. Denn ich wollte sehen, wie Mary Carmichael sich daranmachte, diese noch nie festgehaltenen Gesten, diese unausgesprochenen oder nur halb gesprochenen Worte einzufangen, die sich von selbst bilden, wenn Frauen allein sind, so unmerklich wie die Schatten von Motten an der Decke, unbeleuchtet vom unberechenbaren, bunten Licht des anderen Geschlechts. Sie wird die Luft anhalten müssen, sagte ich mir und las weiter, wenn ihr das gelingen soll, denn Frauen sind so argwöhnisch gegen jedes Interesse, hinter dem kein offenkundiges Motiv steckt, so schrecklich ans Verheimlichen und Unterdrücken gewöhnt, dass sie in dem Moment verschwunden sind, in dem man ihnen auch nur einen aufmerksamen Blick zuwirft. Das Einzige, was du tun kannst, dachte ich, mich an Mary Carmichael wendend, als wäre sie da, ist, von etwas anderem zu reden, dabei unverwandt aus dem Fenster zu schauen und nicht mit Bleistift ins Notizbuch, sondern in der kürzesten aller Kurzschriften und in Worten, die noch kaum Silben sind, aufzuschreiben, was passiert, wenn Olivia – dieser Organismus, der all die Millionen Jahre im Schatten unter einem Felsen gehaust hat – spürt, wie das Licht auf sie fällt, und ein merkwürdiges Stück Nahrung auf sich zukommen sieht – Wissen, Abenteuer, Kunst. Und sie greift danach, dachte ich, von der Seite wieder aufblickend, und muss eine völlig neue Zusammenstellung ihrer für andere Zwecke so hoch entwickelten Fertigkeiten ersinnen, um das Neue ins Alte zu integrieren, ohne das unendlich komplexe und ausgeklügelte Gleichgewicht des Ganzen zu stören.

Ach, aber da hatte ich das getan, was ich auf keinen Fall hatte tun wollen; ich war gedankenlos in das Lob meines eigenen Geschlechts hineingeschlittert. »Hoch entwickelt« – »unendlich komplex« – das sind unbestreitbar Begriffe des Lobs, und das eigene Geschlecht zu preisen, ist immer verdächtig, oft dumm, und wie ließ es sich außerdem in diesem Fall rechtfertigen? Man könnte zur Landkarte gehen und sagen, Kolumbus entdeckte Amerika, und Kolumbus war eine Frau; oder einen Apfel nehmen und sagen, Newton entdeckte die Gesetze der Schwerkraft, und Newton war eine Frau, oder zum Himmel schauen und sagen, dort oben fliegen Aeroplane; und Aeroplane wurden von Frauen erfunden. Es gibt keine Markierung an der Wand, die die exakte Größe einer Frau messen könnte. Es gibt keinen Zollstock, ordentlich in einzelne Millimeter unterteilt, den man an die Qualitäten einer guten Mutter oder die Zuwendung einer Tochter oder die Treue einer Schwester oder die Leistung einer Haushälterin anlegen könnte. Selbst heute haben nur wenige Frauen einen Universitätsabschluss; die großen Bewährungsproben in den Berufen, Armee und Marine, Wirtschaft, Politik und Diplomatie, haben sie noch nicht durchlaufen. Bis heute wurden sie so gut wie nirgendwo zugeordnet oder eingestuft. Aber wenn ich alles wissen möchte, was es über Sir Hawley Butts zu wissen gilt, brauche ich nur einen Burke oder einen Debrett[5] aufzuschlagen, um zu erfahren, dass er diesen und jenen Studienabschluss hat, ein Gutshaus besitzt, einen Erben hat, Vorstandssekretär war, Großbritannien in Kanada vertrat und eine bestimmte Anzahl von Titeln, Ämtern, Orden und anderen Auszeichnungen erhielt, die ihm seine Verdienste unauslöschlich aufprägen. Nur die Vorsehung weiß noch mehr über Sir Hawley Butts.

Wenn ich Frauen also als »hochentwickelt« bezeichne, als »unendlich komplex«, bin ich nicht in der Lage, meine Worte mithilfe von Whitakers Almanach, Debrett oder dem Universitätsjahrbuch zu belegen. Was kann ich in dieser Zwickmühle tun? Wieder schaute ich zum Bücherregal. Dort standen die Biografien: Johnson und Goethe und Carlyle und Sterne und Cowper und Shelley und Voltaire und Browning und viele andere. Und ich fing an, über all die großen Männer nachzudenken, die aus diesem oder jenem Grund bestimmte Personen des anderen Geschlechts bewunderten, umwarben, mit ihnen lebten, sich ihnen offenbarten, sie liebten, über sie schrieben, ihnen vertrauten und etwas zur Schau stellten, was sich nur als Bedürfnis nach Abhängigkeit von ihnen beschreiben lässt. Dass alle diese Beziehungen absolut platonisch waren, würde ich nicht behaupten, und Sir William Joynson-Hicks[6] würde es vermutlich bestreiten. Aber wir würden diesen großen Männern sehr unrecht tun, wenn wir darauf bestünden, dass diese Verbindungen ihnen nichts als Annehmlichkeiten, Schmeicheleien und die Freuden des Körpers verschafft hätten. Was sie ihnen verschafften, war offensichtlich etwas, das ihnen ihr eigenes Geschlecht nicht bieten konnte; und es wäre vielleicht nicht übertrieben, es, ohne die zweifellos rhapsodischen Worte der Dichter zu bemühen, als Stimulus, als Erneuerung der Schaffenskraft zu beschreiben, wie sie nur das andere Geschlecht zu geben vermag. Er öffnet die Tür zum Salon oder zum Kinderzimmer, dachte ich, und trifft sie inmitten der Kinder an oder mit einer Stickerei auf den Knien – jedenfalls als Mittelpunkt einer anderen Ordnung oder eines anderen Systems, und der Kontrast zwischen dieser Welt und seiner eigenen, der des Gerichts oder des Unterhauses, erfrischt und belebt ihn sofort; darauf folgt, noch in der einfachsten Unterhaltung, ein so natürlicher Unterschied der Meinungen, dass seine vertrockneten Ideen neu befruchtet werden. Und der Anblick ihres Schaffens in einem anderen Metier als seinem eigenen beflügelt seine Schaffenskraft so, dass sein unproduktiver Geist unmerklich wieder zu planen beginnt und ihm die Formulierung oder die Szene einfällt, die ihm noch fehlte, als er seinen Hut aufsetzte, um sie zu besuchen. Jeder Johnson hat seine Thrale[7] und hält an ihr aus Gründen wie diesen fest, und wenn diese Thrale ihren italienischen Musiklehrer heiratet, wird er halb verrückt vor Wut und Entrüstung, nicht nur, weil er seine angenehmen Abende in Straetham vermisst, sondern weil das Licht seines Lebens »wie ausgelöscht« scheint.

Und auch ohne Dr. Johnson oder Goethe oder Carlyle oder Voltaire zu sein, mag man das Wesen dieser Komplexität und die Kraft dieser hoch entwickelten schöpferischen Fähigkeit von Frauen spüren, wenn auch ganz anders als bei jenen großen Männern. Man betritt das Zimmer – aber die Mittel der englischen Sprache müssten sehr ausgedehnt werden, und ganze Schwärme von Wörtern müssten sich unerlaubterweise ins Leben aufschwingen, ehe eine Frau sagen könnte, was passiert, wenn sie ein Zimmer betritt. Die Zimmer unterscheiden sich von Grund auf; sie sind ruhig oder tosend; gehen aufs Meer hinaus oder, im Gegenteil, auf einen Gefängnishof; sind mit Wäsche vollgehängt oder mit Opal und Seide geschmückt; sind hart wie Pferdehaar oder weich wie Federn – man braucht nur ein beliebiges Zimmer in einer beliebigen Straße zu betreten, um die äußerst komplexe Kraft des Weiblichen geballt vor Augen zu haben. Wie sollte es auch anders sein? Frauen haben sich in all den Millionen Jahren in diesen Zimmern aufgehalten, sodass mittlerweile sogar die

Wände von ihrer Schaffenskraft durchdrungen sind, was die Belastbarkeit von Ziegeln und Mörtel so überstrapaziert hat, dass sie sich zwangsläufig Feder und Pinsel und Wirtschaft und Politik zunutze machen muss. Aber diese Schaffenskraft unterscheidet sich deutlich von der Schaffenskraft der Männer. Und daraus muss geschlossen werden, dass es jammerschade wäre, wenn sie behindert oder verschwendet würde, denn sie wurde durch Jahrzehnte strengster Disziplin erworben, und nichts kann sie ersetzen. Es wäre jammerschade, wenn Frauen schreiben würden wie Männer oder leben würden wie Männer oder wie Männer aussehen würden, denn wenn angesichts der Weite und Vielfalt der Welt zwei Geschlechter schon ziemlich unzureichend sind, wie sollten wir dann mit nur einem auskommen? Sollte die Erziehung nicht eher die Unterschiede als die Ähnlichkeiten hervorholen und verstärken? Denn wir sind uns ohnehin schon zu ähnlich, und wenn ein Forscher zurückkehren und die Kunde von anderen Geschlechtern mitbringen würde, die durch die Zweige anderer Bäume andere Himmel anschauen, könnte der Menschheit kein größerer Dienst erwiesen werden, und darüber hinaus hätten wir das gewaltige Vergnügen, zuschauen zu können, wie Professor X zu seinen Messlatten eilt, um seine »Überlegenheit« zu beweisen.

Mary Carmichael, dachte ich, wobei ich immer noch einen gewissen Abstand zur Buchseite hielt, wird schon mit dem Beobachten mehr als genug zu tun haben. Und sie wird, fürchte ich, tatsächlich versucht sein, das zu werden, was ich für den weniger interessanten Zweig der Gattung halte – die naturalistische Romanautorin und nicht die kontemplative. Es gibt so viele neue Dinge, die sie beobachten kann. Sie wird sich nicht länger auf die ehrbaren Häuser der oberen Mittelschicht beschränken müssen. Sie wird ohne Beflissenheit und ohne Herablassung, aber in kameradschaftlichem Geist diese kleinen, parfümierten Zimmer betreten, wo die Kurtisane, die Hure und die Lady mit dem Mops sitzen. Sie sitzen dort noch immer in den rauen Kleidern von der Stange, die der männliche Schriftsteller ihnen notgedrungen übergeworfen hat. Aber Mary Carmichael wird ihre Schere herausholen und sie jeder Mulde und jeder Rundung anpassen. Es wird, wenn es so weit ist, seltsam sein, diese Frauen so zu sehen, wie sie sind, aber wir müssen ein wenig warten, denn Mary Carmichael wird immer noch von jener Befangenheit in Gegenwart der »Sünde« zurückgehalten, die ein Überbleibsel unserer sexuellen Barbarei ist. Sie wird noch immer die rostigen alten Standesfesseln an den Füßen tragen.

Die meisten Frauen sind allerdings weder Huren noch Kurtisanen, und sie sitzen auch nicht den ganzen Sommernachmittag lang da und drücken Möpse an staubigen Samt. Aber was machen sie dann?, und da tauchte eine dieser langen Straßen irgendwo südlich des Flusses vor meinem geistigen Auge auf, in deren endlosen Häuserreihen unzählige Menschen wohnen. Mit dem Auge der Einbildungskraft sah ich eine uralte Frau am Arm einer Frau mittleren Alters die Straße überqueren, vielleicht ihre Tochter, beide so ansehnlich gestiefelt und bepelzt, dass das nachmittägliche Ankleiden für sie ein Ritual sein muss und die Kleidung sicher Jahr für Jahr während der Sommermonate in Schränken mit Campher aufbewahrt wird. Sie überqueren die Straße, als die Lampen angezündet werden (denn die Dämmerung ist ihre liebste Stunde), wie sie es sicher schon seit Jahren getan haben. Die Ältere geht auf die Achtzig zu; aber wenn man sie fragte, was das Leben ihr bedeutet hat, würde sie sagen, dass sie sich noch daran erinnert, wie die Straßen für die Schlacht von Balaklawa hell erleuchtet wurden, oder noch gehört hat, wie die Kanonen im Hyde Park anlässlich der Geburt von König Eduard dem Siebenten abgefeuert wurden. Und wenn man sie aus dem Drang heraus, den Augenblick an Datum und Jahreszeit festzumachen, fragte, was sie am fünften April 1868 getan hatte oder am zweiten November 1875, würde sie ratlos dreinschauen und sagen, dass sie sich an nichts erinnern könne. Denn alle Mahlzeiten sind gekocht; die Teller und Tassen gespült, die Kinder zur Schule gebracht und in die Welt hinausgezogen. Nichts von all dem bleibt. Alles ist verschwunden. Keine Biografie und kein historisches Werk verlieren nur ein Wort darüber. Und die Romane, ohne es zu wollen, lügen unweigerlich.

All diese in völlige Dunkelheit getauchten Leben müssen noch aufgezeichnet werden, sagte ich, mich an Mary Carmichael wendend, als wäre sie anwesend, ging in Gedanken weiter durch die Straßen von London und spürte imaginär den Druck der Sprachlosigkeit, die Anhäufung nie beschriebener Leben; das Leben der Frauen an den Straßenecken, die Arme in die Hüften gestemmt, die Ringe an dicken geschwollenen Fingern ins Fleisch gedrückt und mit einer Gestik redend, die so schwungvoll war wie die Worte Shakespeares, oder das Leben der Veilchenverkäuferinnen und Streichholzverkäuferinnen und alten Weiber in den Hauseingängen, oder das der vorbeiziehenden Mädchen, deren Gesichter wie Wellen unter Sonne und Wolken das Herannahen von Männern und Frauen widerspiegelten und das flackernde Licht aus Schaufenstern. All das wirst du erkunden müssen, sagte ich zu Mary Carmichael, deine Fackel fest in der Hand. Vor allem musst du deine eigene Seele beleuchten mit ihren Tiefen und Untiefen und ihren Eitelkeiten und Großzügigkeiten und sagen, was dir deine Schönheit bedeutet oder deine Unansehnlichkeit und wie du es mit der sich ständig ändernden und drehenden Welt der Handschuhe und Schuhe und auf- und niederwehenden Tücher hältst inmitten schwacher Düfte, die aus Apothekerflaschen durch Arkaden von Kleiderstoffen über einen falschen Marmorboden strömen. Denn in der Fantasie hatte ich einen Laden betreten; er war mit schwarz-weißen Kacheln ausgelegt; er war, erstaunlich schön, mit bunten Bändern geschmückt. Mary Carmichael sollte im Vorbeigehen ruhig einen Blick darauf werfen, dachte ich, denn der Anblick bietet sich für das Schreiben ebenso an wie ein beliebiger schneebedeckter Gipfel oder eine Felsschlucht in den Anden. Und es gibt auch noch das Mädchen hinter dem Ladentisch – und ich hätte lieber ihre wahre Geschichte gelesen als die hundertfünfzigste Biografie über Napoleon oder die siebzigste Studie zu

Keats und seinem Gebrauch der Milton'schen Umkehr, wie sie der alte Professor Z und seinesgleichen gerade verfassen. Und dann setzte ich sehr vorsichtig und auf Zehenspitzen an (so feige bin ich, so sehr fürchte ich die Peitsche, die einmal fast auf meine Schultern niederging), ihr zuzuflüstern, dass sie auch lernen müsse, ohne Bitterkeit über die Eitelkeiten – oder eher die Eigenarten, denn dieses Wort ist weniger beleidigend – des anderen Geschlechts zu lachen. Denn am Hinterkopf gibt es eine Stelle von der Größe eines Shillings, die man selbst nie sieht. Es gehört zu den guten Diensten, die das eine Geschlecht dem anderen erweisen kann – diese Stelle am Hinterkopf von der Größe eines Shillings zu beschreiben. Denken Sie daran, wie sehr Frauen von der Satire eines Juvenal profitiert haben; von der misogynen Kritik eines Strindberg. Denken Sie an die Güte und den Scharfsinn, mit denen Männer seit grauer Vorzeit Frauen auf diese dunkle Stelle am Hinterkopf hingewiesen haben! Und sollte Mary sehr mutig und sehr ehrlich sein, würde sie sich hinter das andere Geschlecht stellen und uns mitteilen, was sie dort findet. Das wahre Bild des Mannes kann nicht zur Gänze gezeichnet werden, solange eine Frau nicht diese Stelle von der Größe eines Shillings beschrieben hat. Mr Woodhouse und Mr Casaubon sind Stellen dieser Art und Größe. Natürlich würde ihr niemand, der bei Verstand ist, raten, es absichtlich auf Hohn und Spott anzulegen – in der Literatur zeigt sich, dass das in diesem Geist Geschriebene nichts wert ist. Sei wahrhaftig, würde man sagen, und das Ergebnis wird zwangsläufig erstaunlich interessant sein. Die Komödie wird zwangsläufig reicher. Neue Tatsachen kommen zwangsläufig ans Licht.

Doch es war höchste Zeit, meinen Blick wieder der Seite zuzuwenden. Statt zu spekulieren, was Mary Carmichael schreiben könnte oder sollte, war es weitaus besser, zu schauen, was Mary Carmichael tatsächlich schrieb. Also begann ich wieder zu lesen. Ich erinnerte mich, dass ich gewisse Vorbehalte gegen sie hatte. Sie hatte Jane Austens Sätze zerstört und mir so keine Chance gegeben, mich mit meinem untadeligen Geschmack, meinem untrüglichen Gehör zu brüsten. Denn es war sinnlos zu sagen: »Ja, ja, das ist alles sehr nett, aber Jane Austen schrieb viel besser als du«, wenn ich zugeben musste, dass es keinerlei Ähnlichkeit zwischen ihnen gab. Dann war sie noch weiter gegangen und hatte die Abfolge zerstört – die zu erwartende Reihenfolge. Vielleicht hatte sie es unbewusst getan, hatte den Dingen einfach ihre natürliche Ordnung gegeben, wie eine Frau es tun würde, die wie eine Frau schrieb. Aber die Wirkung war irgendwie verblüffend; man konnte keine Welle sehen, die sich auftürmte, keine Krise an der nächsten Ecke. Deshalb konnte ich mich auch nicht mit der Tiefe meiner Gefühle oder meiner profunden Kenntnis des menschlichen Herzens brüsten. Denn sobald ich die üblichen Gefühle an den üblichen Stellen über die Liebe, über den Tod entwickelte, riss mich dieses nervige Geschöpf fort, als läge der entscheidende Punkt ein paar Zeilen weiter. Und so machte sie es mir unmöglich, meine wohlklingenden Sätze über »elementare Gefühle«, das »Wesen der Menschheit«, die

»Tiefe des menschlichen Herzens« und all die anderen Formulierungen abzuliefern, die uns in unserem Glauben stützen, dass wir, bei aller Schläue an der Oberfläche, darunter doch sehr ernsthaft, sehr tiefgründig und sehr menschlich sind. Sie gab mir im Gegenteil das Gefühl, dass wir, statt ernsthaft, tiefgründig und menschlich zu sein – und der Gedanke war weitaus weniger verlockend –, bloß denkfaul und außerdem konventionell sind.

Aber ich las weiter und bemerkte gewisse andere Dinge. Sie war kein »Genie« – das war offensichtlich. Sie hatte nichts von der Liebe zur Natur, der feurigen Einbildungskraft, der wilden Poesie, dem geistreichen Witz, der grüblerischen Weisheit ihrer Vorgängerinnen Lady Winchilsea, Charlotte Brontë, Emily Brontë, Jane Austen oder George Eliot; sie konnte nicht mit dem Melodischen und der Erhabenheit einer Dorothy Osborne schreiben – sie war tatsächlich nichts weiter als ein schlaues Mädchen, deren Bücher die Verleger in zehn Jahren zweifellos einstampfen werden. Aber trotzdem hatte sie gewisse Vorzüge, die den Frauen mit weitaus größerer Begabung noch vor einem halben Jahrhundert fehlten. Männer waren für sie nicht länger »die Gegner«, sie brauchte ihre Zeit nicht damit zu verschwenden, gegen sie anzugehen, sie brauchte nicht auf ein Dach zu steigen und sich ihren Seelenfrieden durch die Sehnsucht nach Reisen, Erfahrung und Kenntnis der Welt und ihrer Menschen rauben zu lassen, die ihr verwehrt blieben. Angst und Hass waren beinahe verschwunden, oder jedenfalls zeigten sich ihre Spuren nur in einer leichten

Übertreibung der Freude an der Freiheit und der stärkeren Neigung zu Sarkasmus und Satire, sobald es um das andere Geschlecht ging, als zur Romantik. Außerdem bestand kein Zweifel daran, dass sie als Romanschriftstellerin einige entscheidende natürliche Vorteile genoss. Sie besaß eine umfassende, bereitwillige und freie Sensibilität, die schon bei leichtester Berührung reagierte. Die sich wie eine soeben an die Luft gestellte Pflanze an allen vorbeiziehenden Anblicken und Geräuschen labte. Sie spürte sehr feinsinnig und neugierig beinahe unbekannten und unbeschriebenen Dingen nach; sie stieß auf kleine Dinge und zeigte, dass sie am Ende vielleicht gar nicht so klein waren. Sie holte Vergrabenes ans Licht und warf die Frage auf, aus welcher Notwendigkeit heraus es vergraben worden war. Obwohl Mary Carmichael ungeschickt war und nicht über die unbewusste Prägung einer langen Ahnenreihe verfügte, die aus dem kleinsten Federstrich eines Thackeray oder Lamb einen Ohrenschmaus macht, hatte sie doch – dachte ich nun – die erste große Lektion gemeistert; sie schrieb als Frau, aber als eine, die vergessen hat, dass sie eine Frau ist, sodass ihre Seiten voll waren mit der ihrem Geschlecht eigenen Charakteristik, die sich nur einstellt, wenn das Geschlecht sich seiner selbst nicht bewusst ist.

So weit das Gute. Aber aller Empfindungsreichtum, alle Genauigkeit der Wahrnehmung nützen nichts, solange sie aus dem Flüchtigen und dem Privaten nicht ein bleibendes Gebäude errichten kann, an dem nicht zu rütteln ist. Ich hatte gesagt, ich würde warten, bis sie sich »einer Situation« stellte. Und damit meinte ich, bis sie durch Beschwören, Locken und Zusammenführen bewies, dass sie nicht einfach nur die Oberfläche streifte, sondern in die Tiefe darunter geblickt hatte. Jetzt ist es so weit, würde sie sich in einem bestimmten Augenblick sagen, dass ich, ohne Gewalt anzuwenden, die Bedeutung all dessen zeigen kann. Und sie würde anfangen zu beschwören und zu locken – wie unverkennbar diese Beschleunigung ist! –, und aus der Erinnerung würden halb vergessene, vielleicht ziemlich belanglose Dinge aufsteigen, die in anderen Kapiteln beiläufig angesprochen wurden. Und sie würde deren Dasein so selbstverständlich wie möglich spürbar werden lassen, während jemand nähte oder eine Pfeife rauchte, und während sie weiterschrieb, würde man sich fühlen, als hätte man den Gipfel der Welt erklommen und sie majestätisch unter sich ausgebreitet gesehen.

Jedenfalls machte sie den Versuch. Und während ich ihr dabei zuschaute, wie sie sich für die Prüfung streckte, sah ich in der Hoffnung, dass sie es nicht sah, all die Bischöfe und Dekane, die Doktoren und Professoren, die Patriarchen und Pädagogen ihr Warnungen und Ratschläge entgegenbrüllen. Du kannst dieses nicht und sollst jenes nicht! Das Betreten des Rasens ist nur Fellows und Gelehrten gestattet! Zutritt für Damen nur mit Empfehlungsschreiben! Aufstrebende und sittsame weibliche Romanciers hier entlang! So brüllten sie auf sie ein wie die Menge an der Pferderennbahn auf Höhe eines Hindernisses, und ihre Prüfung bestand darin, ihr Hindernis zu nehmen, ohne nach rechts oder links zu schauen. Wenn du anhältst, um zu fluchen, bist du verloren, sagte ich zu ihr, auch, wenn du aufhörst zu lachen. Zögere und strauchele, und du bist erledigt. Denk nur an den Sprung, beschwor ich sie, als hätte ich mein ganzes Geld auf sie gesetzt, und sie flog wie ein Vogel darüber hinweg. Aber dahinter war noch ein Hindernis, und hinter diesem ein weiteres Hindernis. Dass sie die Ausdauer besitzen würde, bezweifelte ich, denn Beifall und Geschrei zerrten an den Nerven. Aber sie gab ihr Bestes. Wenn man bedachte, dass Mary Carmichael kein Genie war, sondern eine unbekannte junge Frau, die ihren ersten Roman in einer Einzimmerwohnung schrieb, ohne genug von diesen begehrenswerten Dingen wie Zeit, Geld und Muße zur Verfügung zu haben, hatte sie sich nicht so schlecht geschlagen, fand ich.

Gebt ihr hundert Jahre, dachte ich abschließend, während ich das letzte Kapitel las – Nasen und entblößte Schultern zeigten sich nackt vor einem sternenklaren Himmel, denn jemand hatte den Vorhang im Wohnzimmer aufgezogen –, gebt ihr ein eigenes Zimmer und fünfhundert Pfund im Jahr, lasst sie offen reden und die Hälfte von dem streichen, was sie jetzt hineinpackt, und sie wird eines Tages ein besseres Buch schreiben. In hundert Jahren, sagte ich und stellte *Lifes Adventure* von Mary Carmichael ans Ende des Regals, wird sie eine Dichterin sein.

Kapitel 6

Am nächsten Tag fiel das Licht des Oktobermorgens in staubigen Strahlen durch die vorhanglosen Fenster, und das Brummen des Verkehrs drang von der Straße herauf. London zog sein Räderwerk also wieder auf; in der Fabrik regte es sich, die Maschinen begannen zu arbeiten. Nach dem vielen Lesen war es verlockend, aus dem Fenster zu schauen und nachzusehen, was London an diesem Morgen des 26. Oktober 1928 tat. Und was tat London? Niemand, so schien es, las *Antonius und Kleopatra*. London waren, wie sich herausstellte, Shakespeares Dramen völlig gleichgültig. Niemand scherte sich auch nur einen Deut – und ich kann es ihnen nicht vorwerfen – um die Zukunft der Literatur, den Tod der Dichtung oder einen von der durchschnittlichen Frau entwickelten Prosastil, der ihre Ansichten umfassend zum Ausdruck bringt. Hätten Meinungen zu einem dieser Themen mit Kreide auf dem Bürgersteig gestanden, hätte sich niemand gebückt, um sie zu lesen. Die Sorglosigkeit vorbeieilender Füße hätte sie in einer halben Stunde ausradiert. Hier kam ein Botenjunge, dort eine Frau mit einem Hund an der Leine. Das Faszinierende einer Londoner Straße besteht darin, dass es keine zwei einander gleichenden Menschen gibt; jeder scheint von einem eigenen Vorhaben erfüllt. Es gab die Geschäftigen mit ihren kleinen Taschen; es gab die Landstreicher, die ihre Stöcke an den Zäunen vor den Souterrains entlangklappern ließen; es gab die leutseligen Typen, denen die Straßen als Clubräume dienten, die Männer auf Pferdewagen grüßten und Auskünfte erteilten, ohne danach gefragt worden zu sein. Außerdem gab es Leichenzüge, vor denen Männer, plötzlich an den eigenen körperlichen Verfall erinnert, ihren Hut zogen. Und dann kam ein sehr gepflegt aussehender Herr langsam die Stufe vor einer Haustür herunter und hielt inne, um nicht mit einer vorbeieilenden Dame zusammenzuprallen, die auf diese oder jene Weise einen prächtigen Pelzmantel und einen Strauß Parmaveilchen erworben hatte. Sie alle schienen für sich zu sein, mit sich selbst beschäftigt, in eigenen Angelegenheiten unterwegs.

In diesem Augenblick gab es, wie es in London oft geschieht, eine totale Verkehrsflaute, der Verkehr war unterbrochen. Nichts fuhr die Straße hinunter, niemand ging vorbei. Ein einzelnes Blatt löste sich von der Platane am Ende der Straße und fiel in dieser Pause, in dieser Unterbrechung herab. Irgendwie war es wie ein Signal, das fiel, ein Signal, das auf eine Kraft in den Dingen verwies, die man übersehen hatte. Es schien auf einen Fluss zu verweisen, der vorüberströmte, unsichtbar, um die Ecke, die Straße hinunter, und Menschen wirbelnd mit sich nahm, so wie der Strom in Oxbridge den Studenten im Boot und die welken Blätter mit sich genommen hatte. Jetzt trug er diagonal von einer Straßenseite zur anderen ein Mädchen in Lackkederstiefeln herbei, und dann einen jungen Mann in einem weinroten Mantel; er trug außerdem ein Taxi heran; und brachte alle drei gemeinsam an eine Stelle unter meinem Fenster; wo das Taxi anhielt; und das Mädchen und der junge Mann stehen blieben; und sie stiegen ins Taxi; und dann glitt das Taxi davon, als würde es von der Strömung weiter und woandershin getragen.

Der Anblick war nicht ungewöhnlich; seltsam war die rhythmische Reihenfolge, mit der meine Einbildungskraft ihn ausgestattet hatte; und die Tatsache, dass der gewöhnliche Anblick zweier Menschen, die in ein Taxi stiegen, die Macht hatte, etwas von der ihnen eigenen offenkundigen Zufriedenheit zu übermitteln. Der Anblick zweier Menschen, die die Straße entlangkamen und sich an der Ecke trafen, scheint den Geist von einem Druck zu befreien, dachte ich, während ich zusah, wie das Taxi wendete und davonfuhr. Vielleicht ist es mühsam, sich das eine Geschlecht als vom anderen getrennt zu denken, wie ich es die letzten zwei Tage getan hatte. Es steht im Widerspruch zur Einheit des Geistes. Jetzt war die Mühe verschwunden und die Einheit durch den Anblick der beiden Menschen, die sich trafen und gemeinsam in ein Taxi stiegen, wiederhergestellt. Der Geist ist auf jeden Fall ein sehr geheimnisvolles Organ, überlegte ich und zog den Kopf vom Fenster herein, über den rein nichts bekannt ist, obwohl wir ganz und gar von ihm abhängen. Warum kommt es mir so vor, als gäbe es Lücken und Widersprüche im Geistigen, so wie der Körper durch eindeutige Ursachen überlastet werden kann? Was ist mit der »Einheit des Geistes« gemeint?, grübelte ich, wo der Geist doch jederzeit und in jedem Moment zu einer solchen Konzentration fähig ist, dass er keinen eigenen Daseinszustand zu besitzen scheint. Er kann sich zum Beispiel von den Menschen auf der Straße absondern und als getrennt von ihnen denken, während er von einem Fenster aus auf sie hinabschaut. Oder er kann spontan zusammen mit anderen Menschen denken wie beispielsweise in einer Menge, die darauf wartet, eine Neuigkeit zu erfahren. Er kann durch seine Väter oder seine Mütter zurückdenken, wie, ich sagte es schon, eine Frau, die schreibt, durch ihre Mütter zurückdenkt. Ist man eine Frau, wird man wiederum häufig von einer geistigen Abspaltung überrascht, wenn man etwa die Whitehall entlanggeht und von einer natürlichen Erbin dieser Zivilisation zum Gegenteil wird, zur Außenstehenden, fremd und kritisch. Zweifellos ändert das Denken ständig seinen Fokus und rückt die Welt in unterschiedliche Perspektiven. Aber einige dieser geistigen Zustände scheinen weniger angenehm zu sein als andere, selbst wenn sie sich spontan einstellen. Um dauerhaft darin sein zu können, hält man unbewusst etwas zurück, und nach und nach wird die Verdrängung anstrengend. Aber es mag einen geistigen Zustand geben, in dem man ohne Anstrengung dauerhaft sein kann, weil nichts zurückgehalten werden muss. Und dieser, dachte ich und trat vom Fenster ins Zimmer zurück, ist vielleicht einer davon. Denn als ich das Paar ins Taxi steigen sah, fühlte es sich an, als hätte sich der Geist, nachdem er gespalten gewesen war, in natürlicher Verschmelzung wieder zusammengefügt. Die offensichtliche Begründung wäre, dass es für die Geschlechter natürlich ist, zusammenzuarbeiten. Man hat instinktiv einen tiefsitzenden, wenn auch irrationalen Hang zu der Theorie, dass die Einheit von Mann und Frau zur größten Zufriedenheit führt, zum vollkommensten Glück. Aber der Anblick der beiden Menschen, die ins Taxi stiegen, und die Befriedigung, die er mir gab, wirft auch die Frage auf, ob es im Geist zwei Geschlechter gibt, die den zwei Geschlechtern im Körper entsprechen, und ob auch sie verschmelzen müssen, damit man vollkommen zufrieden und glücklich ist. Und ich fuhr fort, dilettantisch einen Plan der Seele zu entwerfen, wonach in jedem von uns zwei Mächte den Vorsitz haben, einer männlich, einer weiblich, und im Gehirn des Mannes herrscht der Mann über die Frau, und im Gehirn der Frau herrscht die Frau über den Mann. Der normale und angenehme Daseinszustand ist der, wenn beide in Harmonie miteinander existieren, spirituell zusammenarbeiten. Wenn man ein Mann ist, muss der Frauenanteil des Gehirns dennoch Wirkung haben, und eine Frau muss Umgang mit dem Mann in sich haben. Das meinte Coleridge vielleicht, als er sagte, dass ein großer Geist androgyn ist. Erst wenn diese Verschmelzung stattfindet, ist der Geist vollkommen fruchtbar und nutzt alle seine Fähigkeiten. Vielleicht kann ein Geist, der rein männlich ist, ebenso wenig schöpferisch sein wie ein Geist, der rein weiblich ist, dachte ich. Aber es wäre gut, innezuhalten und das eine oder andere Buch zur Hand zu nehmen und zu überprüfen, was mit mann-weiblich und umgekehrt mit frau-männlich gemeint sein könnte.

Als Coleridge sagte, ein großer Geist sei androgyn, hat er damit sicher nicht gemeint, dass dieser Frauen gegenüber besonders viel Verständnis aufbringen würde; sich für ihre Sache einsetzen oder sich ihrer Deutung widmen würde. Vielleicht neigt ein androgyner Geist weniger als der eingeschlechtliche Geist dazu, solche Unterscheidungen zu treffen. Er meinte vielleicht, dass der androgyne Geist mitschwingt und durchlässig ist, dass er Gefühle ungehindert übermittelt, dass er von Natur aus schöpferisch ist, weiß strahlend und ungeteilt. Man kehrt im Grunde zu Shakespeare als dem Typus des androgynen, des mann-weiblichen Geistes zurück, obwohl sich unmöglich sagen lässt, was Shakespeare von Frauen hielt. Und wenn es tatsächlich zu den Merkmalen des voll entwickelten Geistes gehört, Geschlecht nicht als etwas Spezielles oder Getrenntes zu betrachten; wie viel schwerer als je zuvor ist es dann jetzt, diesen geistigen Zustand zu erreichen? Hier kam ich zu den Büchern der lebenden Schriftsteller, hielt inne und fragte mich, ob diese Tatsache nicht die Wurzel von etwas war, was mich lange verwirrt hatte. Kein Zeitalter kann je so extrem geschlechtsbewusst gewesen sein wie das unsere; das beweisen die unzähligen Bücher von Männern über Frauen im British Museum. Daran ist ohne Zweifel die Wahlrechtskampagne schuld. Sie hat in den Männern offenbar einen außergewöhnlich starken Drang zur Selbstbehauptung ausgelöst; hat sie dazu gebracht, das eigene Geschlecht und seine Eigenarten besonders in den Vordergrund zu stellen, worüber nachzudenken sie sich nie die Mühe gemacht hätten, hätten sie sich nicht herausgefordert gefühlt. Und wird man herausgefordert, sei es auch nur von ein paar Frauen in schwarzen Hüten, rächt man sich, wenn man noch nie zuvor herausgefordert wurde, auf eher übertriebene Weise. Das erklärt vielleicht einige der Merkmale, die ich mich entsinne, hier gefunden zu haben, dachte ich und nahm einen neuen Roman von Mr A heraus, der in der Blüte seines Lebens steht und offenbar bei den Rezensenten sehr angesehen ist. Ich schlug ihn auf. Und tatsächlich, es war erfreulich, wieder einen Text zu lesen, den ein Mann geschrieben hatte. Er war so direkt, so geradlinig nach den Texten der Frauen. Er wies auf einen derart geistigen Freiraum hin, auf einen so freien Menschen, ein solches Vertrauen in sich selbst. Man hatte das Gefühl körperlichen Wohlbefindens in Gegenwart dieses wohlgenährten, wohlerzogenen Freigeistes, der nie an etwas gehindert und nie abgelehnt worden war, sondern von Geburt an die volle Freiheit genossen hatte, sich in jede Richtung zu strecken, die ihm gefiel. All das war bewundernswert.

Aber nach einem oder zwei Kapiteln schien ein Schatten über der Seite zu liegen. Ein gerader, dunkler Balken, geformt in etwa wie der Buchstabe »I«. Ich. Man fing an, hierhin oder dorthin auszuweichen, um einen flüchtigen Blick auf die Landschaft dahinter zu werfen. Ob das tatsächlich ein Baum war oder eine Frau, die vorbeiging, ließ sich nicht mit Sicherheit sagen. Sofort wurde man zurückgerufen zum Buchstaben »I«. Man hatte das »I« langsam satt. Nicht, dass dieses »I« kein höchst ehrenwertes »I« gewesen wäre, ehrlich und logisch, hart wie eine Nuss und seit Jahrhunderten durch guten Unterricht und gute Ernährung zum Glänzen gebracht. Ich respektiere und bewundere dieses »I« aus dem Grunde meines Herzens. Aber – hier blätterte ich ein oder zwei Seiten weiter, um dieses oder jenes zu suchen – das Schlimmste an ihm ist, dass im Schatten des Buchstabens »I« alles so formlos ist wie Nebel. Ist das ein Baum? Nein, es ist eine Frau. Aber ... sie hat nicht einen Knochen im Leib, dachte ich, als ich Phoebe, denn so lautete ihr Name, dabei zusah, wie sie den Strand überquerte. Dann stand Alan auf und Alans Schatten brachte Phoebe sofort zum Verschwinden. Denn Alan hatte Ansichten, und Phoebe wurde von der Flut seiner Ansichten ausgelöscht. Und außerdem, dachte ich, hat Alan Leidenschaften, und blätterte schnell eine Seite nach der anderen in dem Gefühl um, dass der Höhepunkt bevorstand, und so war es. Er ereignete sich am Strand in der Sonne. Er fand sehr offen statt. Er fand sehr energisch statt. Nichts hätte unanständiger sein können. Aber ... ich habe nun schon zu oft »aber« gesagt. Man kann nicht immerzu »aber« sagen. Man muss den Satz irgendwie beenden, ermahnte ich mich. Soll ich ihn beenden mit: »Aber – ich bin gelangweilt«? Warum aber war ich gelangweilt? Teilweise wegen der Dominanz des Buchstabens »I« und der Dürre, die er, wie die riesige Buche, in seinem Schatten verursacht. Dort wächst nichts mehr. Und teilweise aus Gründen, die undurchsichtiger sind. Es schien irgendein Hindernis zu geben, ein Hemmnis in Mr A's Denken, das die Quelle schöpferischer Energie blockierte und sie in enge Bahnen lenkte. Und als ich an die Lunchgesellschaft in Oxbridge zurückdachte und an alle auf einmal, an die Zigarettenasche und die Manx-Katze und Tennyson und Christina Rossetti, schien es möglich, dass das Hemmnis dort lag. Da er nicht länger leise vor sich hin summt: »Von Passionsblumenranken am Tor rinnt eine Träne ins Moos«, wenn Phoebe den Strand überquert, und sie nicht länger erwidert: »Mein Herz ist wie ein Vogel heut', dem dichtes Laub sein Nest umflicht«, wenn Alan sich nähert, was kann er tun? Weil er ehrlich ist wie der Tag und logisch wie die Sonne, gibt es nur eines, was er tun kann. Und das, muss man gerechterweise sagen, tut er wieder und wieder (sagte ich mir beim Umblättern der Seiten) und immer wieder. Was, ergänzte ich, mir der Schrecklichkeit dieses Eingeständnisses voll bewusst, irgendwie stumpfsinnig ist. Shakespeares Unanständigkeit holt tausend andere Dinge in unserem Geist ans Licht und ist alles andere als stumpfsinnig. Aber Shakespeare tut es zum Vergnügen; Mr A macht es, wie die Kindermädchen sagen, mit Absicht. Er macht es aus Protest. Er protestiert gegen die Ebenbürtigkeit des anderen Geschlechts, indem er auf seiner Überlegenheit beharrt. Deshalb ist er gehemmt und behindert und sich seiner selbst zu bewusst, wie es auch Shakespeare hätte gewesen sein können, hätte er Miss Clough und Miss Davies gekannt[1]. Zweifellos wäre die elisabethanische Literatur eine ganz andere gewesen, wenn die Frauenbewegung im sechzehnten Jahrhundert begonnen hätte und nicht im neunzehnten.

Worauf es also hinausläuft, falls die Theorie der zwei Seiten des Geistes zutrifft, ist, dass sich Männlichkeit nun ihrer selbst bewusst ist – Männer jetzt also nur mit der männlichen Seite ihres Gehirns schreiben. Für eine Frau wäre es ein Fehler, sie zu lesen, denn sie wird unweigerlich nach etwas suchen, was sie nicht findet. Es ist die suggestive Kraft, die man am stärksten vermisst, dachte ich und nahm Mr B, den Kritiker, zur Hand und las sehr gründlich und sehr pflichtbewusst seine Anmerkungen zur Dichtkunst. Sie waren sehr klug, scharfsinnig und gelehrt, aber das Problem war, dass seine Gefühle nicht länger miteinander kommunizierten; sein Geist schien in verschiedene Räume unterteilt, kein Laut drang von einem zum anderen. Wenn man sich also einen Satz von Mr B zu Gemüte führt, fällt er plumpsend zu Boden – tot, wenn man sich aber einen Satz von Coleridge zu Gemüte führt, explodiert er und bringt alle möglichen anderen Ideen hervor, und das ist die einzige Art des Schreibens, von der sich sagen lässt, sie besitze das Geheimnis ewigen Lebens.

Was auch immer der Grund sein mag, es ist eine Tatsache, die zu beklagen ist. Denn das bedeutet – hier stand ich vor den Buchreihen mit Mr Galsworthy und Mr Kipling –, dass einige der besten Werke unserer größten lebenden Autoren auf taube Ohren stoßen. Wie eine Frau es auch anstellt, kann sie darin nicht die Quelle ewigen Lebens finden, von der die Kritiker ihr versichern, sie wäre da. Nicht nur, weil die Bücher männliche Tugenden feiern, männliche Werte geltend machen und die Welt der Männer beschreiben; sondern weil das Gefühl, von dem sie durchdrungen sind, einer Frau unbegreiflich ist. Es kommt, es braut sich zusammen, gleich wird es über einen hereinbrechen, sagt man sich schon lange vor dem Ende. Dieses Bild wird dem alten Jolyon[2] auf den Kopf fallen, er wird vor Schreck sterben, der alte Geistliche wird zwei oder drei Worte des Totensegens über ihn sprechen, und alle Schwäne auf der Themse werden gleichzeitig in einen Gesang ausbrechen. Aber bevor das passiert, wird man davonrennen und sich in den Stachelbeersträuchern verstecken, weil das Gefühl, das für einen Mann so tief, so subtil, so symbolisch ist, bei einer Frau nur Verwunderung hervorruft. Genau wie Mr Kiplings Offiziere, die einem den Rücken zukehren, und seine SÄMÄNNER, die die SAAT säen, und seine MÄNNER, die mit ihrer ARBEIT allein sind, und die FAHNE – man wird rot bei all diesen Großbuchstaben, als wäre man beim Belauschen einer rein männlichen Orgie erwischt worden. Es ist eine Tatsache, dass weder Mr Galsworthy, noch Mr Kipling auch nur einen Funken Frau in sich haben. Deshalb erscheinen einer Frau alle ihre Qualitäten, allgemein gesprochen, roh und unreif. Ihnen fehlt die suggestive Kraft. Und wenn einem Buch die suggestive Kraft fehlt, dann kann es die Oberfläche des Geistes noch so hart treffen; eindringen wird es nicht.

Und in dieser rastlosen Stimmung, mit der man Bücher herausnimmt und wieder zurückstellt, ohne sie anzuschauen, fing ich an, mir ein zukünftiges Zeitalter reiner, von sich selbst überzeugter Männlichkeit vorzustellen, wie es die Briefe von Professoren vorherzusagen scheinen (nehmen Sie Sir Walter Raleighs Briefe beispielsweise) und die Machthaber Italiens bereits ins Leben gerufen haben. Denn man kann kaum umhin, von der totalen Männlichkeit in Rom beeindruckt zu sein; und abgesehen davon, wie totale Männlichkeit den Staat beeinflusst, darf man ihren Einfluss auf die Dichtkunst doch in Frage stellen. Den Zeitungen zufolge gibt es in Italien jedenfalls eine gewisse Besorgnis um die Literatur. Es gab eine Konferenz von Akademiemitgliedern, die sich zum Ziel gesetzt haben, »den Italienischen Roman zu entwickeln«. »Männer von hoher Geburt oder hoher Stellung in der Finanzwelt, der Industrie oder den faschistischen Unternehmen« kamen kürzlich zusammen und besprachen die Angelegenheit, und an den Duce wurde ein Telegramm geschickt, in dem sie die Hoffnung ausdrückten, dass »die faschistische Ära bald einen Dichter hervorbringen möge, der ihrer würdig ist«. Wir mögen uns alle dieser frommen Hoffnung anschließen, aber es ist zweifelhaft, ob Dichtung aus einem Brutkasten kommen kann. Die Dichtung sollte sowohl eine Mutter als auch einen Vater haben. Das faschistische Gedicht, steht zu befürchten, wird eine scheußliche kleine Missgeburt sein, wie man sie aus Einweckgläsern im Museum einer Provinzstadt kennt. Solche Monster leben nie besonders lange, heißt es; diese Art von Wunderkind hat noch niemand auf der Wiese Gras mähen sehen. Zwei Köpfe auf einem Körper sorgen nicht für Langlebigkeit.

Schuld an all dem, wenn man auf Schuldzuweisungen aus ist, hat das eine wie das andere Geschlecht.

Alle Verführer und Reformer sind schuld: Lady Bessborough, als sie Lord Granville belog; Miss Davies, als sie Mr Greg die Wahrheit sagte. Alle, die ein Geschlechtsbewusstsein hervorgerufen haben, sind schuld, und sie sind es, die mich dazu treiben, das Buch, an dem ich meine Fähigkeiten erproben will, in jenem glücklichen Zeitalter zu suchen, in dem Miss Davies und Miss Clough noch nicht geboren waren, als der Schriftsteller beide Seiten seines Gehirns gleichermaßen benutzte. Dann muss man zu Shakespeare zurückkehren, denn Shakespeare war androgyn und Keats und Sterne und Cowper und Lamb und Coleridge ebenfalls. Shelley war vielleicht geschlechtslos. Milton und Ben Jonson hatten einen Schuss zu viel Männlichkeit. Wordsworth und Tolstoi ebenso. In unserer Zeit ist Proust vollkommen androgyn, wenn nicht sogar ein wenig zu sehr Frau. Aber dieser Defekt kommt zu selten vor, um sich darüber zu beklagen, denn ohne eine solche Mischung scheint der Intellekt zu dominieren und die anderen geistigen Fähigkeiten verhärten sich und trocknen aus. Ich tröstete mich jedoch mit der Überlegung, dieses könnte eine vorübergehende Phase sein; vieles von dem, was ich gemäß meinem Versprechen, Ihnen meine Gedankengänge mitzuteilen, gesagt habe, wird Ihnen überholt vorkommen; vieles von dem, was in meinen Augen flammt, wird Ihnen, die Sie noch nicht volljährig sind, fragwürdig erscheinen.

Trotzdem, der allererste Satz, den ich hier schreiben würde, sagte ich mir, ging hinüber zum Schreibtisch und nahm die Seite mit der Überschrift Frauen und Literatur in die Hand, lautet, dass es für alle, die schreiben, tödlich ist, an ihr Geschlecht zu denken. Es ist tödlich, schlicht und einfach ein Mann oder eine Frau zu sein; man muss frau-männlich oder mann-weiblich sein. Es ist tödlich für eine Frau, irgendeinem Groll auch nur das geringste Gewicht zu geben; für irgendeine Sache, wie gerecht sie auch sein mag, zu streiten, auf irgendeine Weise bewusst als Frau zu sprechen. Und tödlich ist nicht metaphorisch gemeint; denn alles, was bewusst auf diese einseitige Weise geschrieben wird, ist zum Tode verurteilt. Es ist nicht länger fruchtbar. Ein, zwei Tage lang mag es genial und wirkungsvoll, kraftvoll und meisterhaft erscheinen, doch mit Einbruch der Nacht verdorrt es; kann in den Köpfen der anderen nicht wachsen. Es muss irgendeine Form der Zusammenarbeit zwischen der Frau und dem Mann im Geiste geben, ehe der Schöpfungsakt vollbracht werden kann. Es muss eine Art Hochzeit der Gegensätze stattfinden. Der Geist muss als Ganzer weit geöffnet sein, wenn wir das Gefühl haben sollen, dass der Schriftsteller uns seine Erfahrung vollständig vermittelt. Es muss Freiheit herrschen, und es muss Frieden herrschen. Kein Rad darf quietschen, kein Licht schimmern. Die Vorhänge müssen fest zugezogen sein. Sobald der Schriftsteller die Erfahrung gemacht hat, dachte ich, muss er sich zurücklehnen und die geistige Hochzeit im Dunkeln vollziehen. Er darf nicht hinschauen und sich fragen, was genau geschieht. Vielmehr sollte er die Blütenblätter einer Rose abzupfen oder zuschauen, wie die Schwäne ruhig den Fluss hinuntertreiben. Und wieder sah ich die

Strömung, die das Boot ergriff, und den Studenten und die welken Blätter, und das Taxi nahm den Mann und die Frau auf, dachte ich und sah sie in Gedanken über die Straßen aufeinander zukommen, und die Strömung trug sie davon, dachte ich und hörte in der Ferne das Tosen des Londoner Verkehrs, hinein in diesen gewaltigen Strom.

Hier hört Mary Beton nun auf zu sprechen. Sie hat ihnen erzählt, wie sie zu ihrem Schluss kam – dem prosaischen Schluss –, dass es notwendig ist, fünfhundert im Jahr und ein Zimmer mit einem Schloss an der Tür zu haben, wenn Sie Romane oder Gedichte schreiben wollen. Sie hat versucht, die Gedanken und Eindrücke darzulegen, die sie zu dieser Einsicht gebracht haben. Sie hat Sie gebeten, ihr dabei zu folgen, einem Pedell in die Arme zu fliegen, hier ein Lunch, dort ein Dinner zu sich zu nehmen, im British Museum Bilder zu zeichnen, Bücher aus dem Regal zu nehmen, aus dem Fenster zu schauen. Während sie all das tat, haben Sie ganz sicher ihre Schwächen und Macken bemerkt und entschieden, welchen Einfluss sie auf Ihre Ansichten haben. Sie haben ihr widersprochen und nach eigenem Ermessen Ergänzungen vorgenommen und Schlüsse gezogen. So sollte das sein, denn bei einer Frage wie dieser kommt man nur zur Wahrheit, indem man eine Vielfalt an Irrtümern aneinanderreiht. Und ich werde nun bei mir selbst enden, indem ich zwei Kritikpunkte vorwegnehme, die so offensichtlich sind, dass Sie kaum umhinkönnen, sie zu äußern.

Zu den jeweiligen Verdiensten der Geschlechter, vor allem als Schreibende, werden Sie sagen, haben Sie keine Meinung kundgetan. Das war Absicht, denn, selbst wenn die Zeit für eine solche Einschätzung gekommen wäre – und im Moment ist es weitaus wichtiger, zu wissen, wie viel Geld und wie viele Zimmer Frauen zur Verfügung hatten, als über ihre Fähigkeiten zu theoretisieren –, auch wenn die Zeit gekommen wäre, glaube ich nicht, dass sich Begabungen, ob sie den Geist oder den Charakter betreffen, wie Zucker oder Butter abwiegen lassen, nicht einmal in Cambridge, wo sie sich so meisterhaft darauf verstehen, Menschen in Klassen einzuteilen und ihnen Kappen auf die Köpfe und Buchstaben hinter ihre Namen zu setzen. Ich glaube nicht einmal, dass die Rangliste, die Sie in Whitaker's Almanach finden, eine gültige Werteordnung enthält, oder dass es irgendeinen triftigen Grund gibt, anzunehmen, dass ein Komtur des Ordens vom Bade[3] den Speisesaal hinter einem Magister des Irrsinns betreten muss. Das ganze Ausspielen des einen Geschlechts gegen das andere, der einen Qualität gegen die andere; der ganze Anspruch auf Überlegenheit und das Zuschreiben von Unterlegenheit gehört in die Grundschulphase der menschlichen Existenz, wo es »Seiten« gibt und es die eine Seite nötig hat, eine andere Seite zu schlagen und es von allerhöchster Wichtigkeit ist, auf ein Podest zu treten und aus den Händen des Direktors persönlich einen hochverzierten Topf entgegenzunehmen. Werden die Menschen erwachsen, hören sie auf, an Seiten zu glauben oder an Direktoren oder an hochverzierte Töpfe. Sobald es um Bücher geht, ist es bekanntermaßen schwer, Verdienstabzeichen auf eine Weise anzubringen, dass sie nicht wieder abgehen. Veranschaulichen Rezensionen zur gegenwärtigen Literatur nicht ständig die Schwierigkeit der Beurteilung? »Dieses große Buch«, »dieses wertlose Buch«, heißt es von ein und demselben Buch. Lob wie Tadel bedeuten nichts. Nein, so unterhaltsam der Zeitvertreib des Vermessens sein mag, es ist die sinnloseste aller Beschäftigungen, und sich den Urteilen der Vermesser zu unterwerfen, die servilste aller Haltungen. Zu schreiben, was man schreiben möchte, ist das Einzige, was zählt, und ob es jahrelang oder nur stundenlang etwas zählt, kann niemand sagen. Aber auch nur ein Haar vom Kopf Ihrer Vision zu opfern, einen ihrer Farbtöne aus Fügsamkeit gegenüber irgendeinem Direktor mit einem silbernen Topf in der Hand oder gegenüber irgendeinem Professor mit einem Zollstock im Ärmel, ist der erbärmlichste Verrat, und Wohlstand und Unschuld zu verlieren, was einmal als größte menschliche Katastrophe galt, ist im Vergleich dazu nichts als ein Flohstich.

Als Nächstes werden Sie vermutlich einwenden, dass ich bei alldem zu großen Wert auf die Bedeutung materieller Dinge gelegt habe. Selbst bei großzügiger Auslegung der Symbolik, dass fünfhundert im Jahr für die Ermächtigung zum Nachdenken stehen und ein Schloss an der Tür für die Ermächtigung, selbst zu denken, könnten Sie trotzdem sagen, dass sich der Geist über solche Dinge hinwegsetzen sollte und dass große Dichter oft arme Männer waren. Dann lassen Sie mich die Worte Ihres eigenen Literaturprofessors zitieren, der besser als ich weiß, was man braucht, um ein Dichter zu werden. Sir Arthur Quiller-Couch schreibt:*

»Wie lauten die großen Dichternamen der letzten etwa hundert Jahre? Coleridge, Wordsworth, Byron, Shelley, Landor, Keats, Tennyson, Browning, Arnold, Morris, Rosetti, Swinburne – belassen wir es dabei. Von ihnen waren alle bis auf Keats, Browning und Rosetti Akademiker, und von diesen dreien war Keats, der jung starb, in seiner Blüte dahingerafft, der Einzige, der nicht einigermaßen begütert war. Es mag grausam scheinen, das zu sagen, und es ist traurig, es zu sagen: aber in Wirklichkeit ist an der Theorie, dass das dichterische Genie erblüht, wo es ihm beliebt, und gleichermaßen bei Arm oder Reich, wenig Wahres. In Wirklichkeit waren neun von diesen zwölf Akademiker, was bedeutet, dass sie auf diese oder jene Weise die beste Bildung erhielten, die England zu bieten hat. In Wirklichkeit war von den verbleibenden drei, wie Sie wissen, Browning begütert, und ich wette mit Ihnen, dass es ihm, wäre er nicht begütert gewesen, ebenso wenig gelungen wäre, *Saul* oder *The Ring and the Book* zu schreiben, wie es Ruskin gelungen wäre, *Modern Painters* zu schreiben, wenn sein Vater kein erfolgreicher Geschäftsmann gewesen wäre. Rosetti hatte ein kleines privates Einkommen, und außerdem malte er. Bleibt nur Keats; dem Atropos jung den Tod brachte, wie sie John Clare in einer Irrenanstalt den Tod brachte und James Thomson durch das Laudanum, das er nahm,

* *On the Art of Writing*, von Sir Arthur Quiller-Couch.

um die Enttäuschung zu betäuben. Das ist die schreckliche Wirklichkeit, aber wir müssen uns ihr stellen. Fest steht – so schändlich es für uns als Nation auch sein mag –, dass aufgrund irgendeines Fehlers in unserem Gemeinwesen der arme Dichter heutzutage, genau wie in den letzten zweihundert Jahren, nicht die geringste Chance hat. Glauben Sie mir – und ich habe im Laufe von zehn Jahren etwa dreihundertzwanzig Grundschulen beobachtet –, wir mögen von Demokratie schwafeln, aber eigentlich hat ein armes Kind in England wenig mehr Hoffnung als der Sohn eines athenischen Sklaven, in jene intellektuelle Freiheit hineinzuwachsen, aus der heraus große Werke entstehen.«

Man hätte es nicht klarer ausdrücken können. »Der arme Dichter hat heutzutage, genau wie in den letzten zweihundert Jahren, nicht die geringste Chance … ein armes Kind in England hat wenig mehr Hoffnung als der Sohn eines athenischen Sklaven, in jene intellektuelle Freiheit hineinzuwachsen, aus der heraus große Werke entstehen.« So ist es. Intellektuelle Freiheit hängt von materiellen Dingen ab. Dichtung hängt von materiellen Dingen ab. Und Frauen waren schon immer arm, nicht bloß in den letzten zweihundert Jahren, sondern seit Urzeiten. Frauen besaßen weniger intellektuelle Freiheit als die Söhne athenischer Sklaven. Frauen hatten also nicht die geringste Chance, Gedichte zu schreiben. Deshalb habe ich dem Geld und einem eigenen Zimmer so viel Wert beigemessen. Aber dank der mühevollen Arbeit dieser unbekannten Frauen der Vergangenheit, von denen wir gern mehr wüssten, dank, merkwürdigerweise, zweier Kriege, des Krimkrieges, der Florence Nightingale aus ihrem Salon befreite, und des Europäischen Krieges, der sechzig Jahre später der gewöhnlichen Frau die Türen öffnete, wird es mit diesen Übeln bald besser. Sonst wären Sie heute Abend nicht hier, und Ihre Aussichten, fünfhundert Pfund im Jahr zu verdienen, wären, so unsicher sie, fürchte ich, immer noch sind, praktisch nicht vorhanden.

Dennoch, mögen Sie einwenden, warum legen Sie so viel Wert darauf, dass Frauen Bücher schreiben, wenn es Ihrer Ansicht nach doch eine solche Anstrengung bedeutet, vielleicht zur Ermordung der eigenen Tanten führt, einen ziemlich sicher dazu veranlasst, zu spät zum Lunch zu erscheinen, und man Gefahr läuft, mit ein paar sehr guten alten Freunden in heftigen Streit zu geraten? Meine Motive, das gebe ich zu, sind teilweise egoistisch. Wie viele englische Frauen ohne Schulbildung lese ich gern – ich verschlinge Bücher in großen Mengen. In letzter Zeit wurde meine Kost etwas eintönig; Geschichtsbücher handeln zu oft von Kriegen; Biografien zu viel von großen Männern; die Dichtung hat, glaube ich, einen Hang zur Sterilität und die Prosa – aber ich habe meine Unzulänglichkeiten als Kritikerin moderner Romane genügend offenbart und werde nichts weiter dazu sagen. Deshalb möchte ich Sie bitten, alle möglichen Arten von Büchern zu schreiben, bei keinem Thema zu zögern, sei es noch so banal oder unüberschaubar. Ich hoffe, dass Sie sich unter allen Umständen genug Geld beschaffen können, um zu reisen und zu ruhen und über die Zukunft oder die Vergangenheit dieser Welt nachzudenken, über

Büchern ins Träumen zu geraten und an Straßenecken herumzulungern und die Angelschnur der Gedanken in den Strom zu tauchen. Denn ich möchte Sie auf gar keinen Fall auf Romane festlegen. Wenn Sie mir einen Gefallen tun wollen – und es gibt Tausende wie mich –, dann schreiben Sie Reise- und Abenteuerbücher, Doktorarbeiten und Forschungsschriften, Geschichtsbücher und Biografien und Literaturkritik und Philosophie und wissenschaftliche Bücher. Indem Sie das tun, werden Sie die Kunst der Literatur bereichern. Denn Bücher beeinflussen einander. Die Literatur wird um einiges besser, wenn sie Seite an Seite mit der Lyrik und der Philosophie steht. Wenn Sie sich außerdem eine beliebige große Persönlichkeit der Vergangenheit wie beispielsweise Sappho anschauen, oder Lady Murasaki oder Emily Brontë, werden Sie feststellen, dass sie ebenso sehr Erbin wie Schöpferin ist und dazu wurde, weil Frauen es sich zur natürlichen Gewohnheit gemacht haben, zu schreiben; weshalb, wenn auch nur als Auftakt zum Dichten, eine solche Tätigkeit Ihrerseits von unschätzbarem Wert wäre.

Aber wenn ich mir diese Notizen noch einmal anschaue und meinen eigenen Gedankengang kritisch betrachte, stelle ich fest, dass meine Motive ganz und gar nicht egoistisch sind. In diesen Bemerkungen und Exkursen steckt die Überzeugung – oder ist es die instinktive Ahnung –, dass gute Bücher wünschenswert sind und gute Schriftsteller, auch wenn sie das ganze Spektrum menschlicher Schlechtigkeit abdecken, dennoch gute Menschen. Wenn ich Sie also bitte, mehr Bücher zu schreiben, dränge ich Sie, etwas Gutes für sich selbst und die Welt im Ganzen zu tun. Wie ich diesen Instinkt oder diese Überzeugung rechtfertigen soll, weiß ich nicht, denn die philosophischen Begriffe können jemanden ohne universitäre Ausbildung schnell hinters Licht führen. Was ist mit »Wirklichkeit« gemeint? Anscheinend handelt es sich um etwas sehr Launisches, sehr Unzuverlässiges – mal auf einer staubigen Landstraße, mal in einem auf der Straße liegenden Stück Zeitungspapier, mal in einer Narzisse in der Sonne. Sie beleuchtet eine Gruppe Menschen in einem Zimmer und hebt eine zufällige Bemerkung hervor. Sie überwältigt einen auf dem Heimweg unter Sternen und macht die stumme Welt wirklicher als die Welt der Sprache – und dann taucht sie wieder auf in einem Omnibus im Lärm von Picadilly. Manchmal scheint sie auch Formen zu eigen zu sein, die viel zu weit von uns entfernt sind, um ihre Beschaffenheit erkennen zu können. Aber was immer sie berührt, festigt sie und macht sie dauerhaft. Das ist es, was bleibt, wenn die Haut des Tages in die Hecke geworfen wurde; das ist es, was von der Vergangenheit bleibt, von unserer Liebe und von unserem Hass. Der Schriftsteller, wie ich annehme, hat mehr als andere Menschen die Möglichkeit, mit dieser Wirklichkeit zu leben. Es ist seine Aufgabe, sie aufzuspüren und zu erfassen und uns anderen zugänglich zu machen. Das schließe ich jedenfalls aus der Lektüre von *König Lear* oder *Emma* oder *Auf der Suche nach der verlorenen Zeit*. Denn die Lektüre dieser Bücher scheint an den Sinnen eine seltsame Operation vorzunehmen, ähnlich wie beim grauen Star;

hinterher nimmt man intensiver wahr, die Welt scheint von ihrer Hülle befreit und erfüllt von intensiverem Leben. Zu beneiden sind die, die mit dem Unwirklichen auf Kriegsfuß stehen; und zu bedauern sind die, denen ihr ahnungsloses oder sorgloses Tun auf den Kopf fällt. Wenn ich Sie also bitte, Geld zu verdienen und ein Zimmer für sich zu haben, bitte ich Sie, mit der Wirklichkeit zu leben, ein erquickendes Leben zu führen, ob Sie es anderen vermitteln können oder nicht.

Hiermit würde ich gern schließen, aber die Konvention verlangt, dass jede Rede mit einem Schlusswort endet. Und ein Schlusswort sollte, wenn es sich an Frauen richtet, Sie werden mir zustimmen, etwas besonders Aufbauendes und Erhebendes an sich haben. Ich sollte Sie beschwören, sich auf Ihre Verantwortung zu besinnen, höher hinaus zu wollen, Ihren Geist einzusetzen, ich sollte Sie daran erinnern, wie viel von Ihnen abhängt und welchen Einfluss Sie auf die Zukunft haben können. Aber solche Ermahnungen können wir ruhig dem anderen Geschlecht überlassen, das sie weitaus eloquenter formulieren kann als ich und das auch getan hat. Wenn ich meinen eigenen Geist durchstöbere, stoße ich auf keine hochtrabenden Gefühle, die daher rühren, dass wir Kameradinnen oder gleich sind oder die Welt zu Höherem führen. Ich beschränke mich darauf, kurz und prosaisch zu sagen, dass es weitaus wichtiger ist, man selbst zu sein als irgendetwas sonst. Träumen Sie nicht davon, andere Menschen zu beeinflussen, würde ich sagen, wenn ich wüsste, wie ich es erhaben klingen lassen könnte. Betrachten Sie die Dinge als solche.

Und wieder werde ich, sobald ich in Zeitungen, Romane und Biografien eintauche, daran erinnert, dass eine Frau, wenn sie zu Frauen spricht, etwas sehr Unerfreuliches auf Lager haben sollte. Frauen sind hart zu Frauen. Frauen mögen keine Frauen. Frauen – aber hängt Ihnen dieses Wort nicht zum Hals raus? Ich kann Ihnen versichern, mir schon. Einigen wir uns also darauf, dass ein Vortrag, der von einer Frau für Frauen gehalten wird, mit etwas besonders Unangenehmem enden sollte.

Aber womit? Was fällt mir ein? Die Wahrheit ist, oft mag ich Frauen. Ich mag ihre Ungezwungenheit. Ich mag ihre Subtilität. Ich mag ihre Anonymität. Ich mag – aber so darf ich nicht weitermachen. Dieser Schrank dort – Sie sagen, er enthält ausschließlich saubere Servietten; was aber, wenn Sir Archibald Bodkin[4] sich zwischen ihnen verborgen hielte? Lassen Sie mich also einen strengeren Ton anschlagen. Habe ich Ihnen mit dem, was ich bisher sagte, die Mahnungen und Missbilligungen der Menschheit ausreichend vermittelt? Ich habe Ihnen von der äußerst geringschätzigen Meinung berichtet, die Mr Oscar Browning von Ihnen hat. Ich habe angedeutet, was Napoleon einst von Ihnen dachte und was Mussolini im Augenblick denkt. Für den Fall, dass eine von Ihnen zur Literatur strebt, habe ich zu Ihrem Nutzen den Rat des Kritikers abgeschrieben, mutig die Grenzen Ihres Geschlechts anzuerkennen. Ich habe auf Professor X und seine Feststellung verwiesen, dass Frauen den Männern intellektuell, moralisch und physisch unterlegen sind. Ich habe alles das weitergegeben, worauf ich gestoßen bin, ohne danach zu suchen, und hier kommt eine letzte Warnung – von Mr John Langdon-Davies*. Mr John Langdon-Davies warnt Frauen, »dass, wenn Kinder insgesamt nicht mehr erwünscht sind, Frauen insgesamt nicht mehr nötig sind«. Ich hoffe, Sie notieren sich das.

Wie kann ich Sie noch ermutigen, das Leben in Angriff zu nehmen? Junge Frauen, würde ich sagen, und bitte seien Sie aufmerksam, denn das Schlusswort beginnt, meiner Ansicht nach sind Sie auf schändliche Weise unwissend. Sie haben nie irgendetwas Bedeutsames entdeckt. Sie haben nie ein Imperium ins Wanken gebracht oder eine Armee in den Kampf geführt. Die Dramen Shakespeares stammen nicht von Ihnen, und Sie haben nie einer barbarischen Rasse die Segen der Zivilisation gebracht. Was ist Ihre Entschuldigung? Natürlich können Sie auf die Straßen und Plätze und Wälder der Erde verweisen, wo es vor schwarzen, weißen und kaffeebraunen Einwohnern wimmelt, alle eifrig im Verkehr und mit Geschäften und der Liebe zugange, und sagen, Sie hätten alle Hände voll mit anderen Dingen zu tun gehabt. Ohne unser Zutun wären diese Meere nie besegelt worden und diese fruchtbaren Böden eine Wüste. Wir haben die eintausendsechshundertdreiundzwanzig Millionen Menschen, die es laut Statistik im Augenblick auf der Welt gibt, geboren und bis zum Alter von vielleicht sechs oder sieben Jahren aufgezogen und gewaschen und belehrt, und das braucht Zeit, auch wenn einige Hilfe hatten.

* *A Short History of Women* (1928) von John Langdon-Davies

In dem, was Sie sagen, steckt etwas Wahres – das will ich nicht leugnen. Aber darf ich Sie zugleich daran erinnern, dass es seit 1866 in England mindestens zwei Colleges für Frauen gibt; dass es nach 1880 einer verheirateten Frau gesetzlich gestattet ist, über Eigentum zu verfügen; und dass man ihr im Jahr 1919 – was ganze neun Jahre her ist – das Wahlrecht zugestand? Darf ich Sie auch daran erinnern, dass Ihnen die meisten Berufe seit beinahe zehn Jahren offenstehen? Wenn Sie sich diese außerordentlichen Privilegien vor Augen führen und die Länge der Zeit, die Sie sie schon genießen, und die Tatsache, dass es im Augenblick etwa zweitausend Frauen geben wird, die in der Lage sind, mehr als fünfhundert im Jahr auf diese oder jene Weise zu verdienen, werden Sie einsehen, dass die Entschuldigung, zu wenig Gelegenheit, Ausbildung, Ermutigung, Freizeit und Geld zu haben, nicht mehr gilt. Außerdem sagen uns die Ökonomen, dass Mrs Seton zu viele Kinder hatte. Sie müssen selbstverständlich weiter Kinder gebären, aber, sagen uns die Ökonomen, zwei oder drei, nicht zehn oder zwölf.

Mit etwas Zeit und etwas Bücherwissen im Kopf – anderes Wissen haben Sie genug und werden, vermute ich, auch deshalb aufs College geschickt, um es zu verlernen – sollten Sie also auf jeden Fall zu einer weiteren Etappe Ihrer sehr langen, sehr mühevollen und höchst undurchsichtigen Laufbahn aufbrechen. Tausend Federn sind bereit, Ihnen vorzuschlagen, was Sie tun sollen und welche Wirkung Sie haben werden. Mein eigener Vorschlag ist ein wenig fantastisch, muss ich zugeben, weshalb ich ihn lieber auf fiktionale Weise mache.

Im Laufe dieses Vortrags habe ich Ihnen gesagt, dass Shakespeare eine Schwester hatte; aber suchen Sie sie nicht in Sir Sidney Lees Biografie über den Dichter. Sie starb jung – leider schrieb sie nie ein Wort. Sie liegt dort begraben, wo jetzt die Omnibusse halten, gegenüber von Elephant and Castle. Nun glaube ich, dass diese Dichterin, die nie ein Wort schrieb und an der Kreuzung begraben wurde, noch lebt. Sie lebt in Ihnen und in mir und in vielen anderen Frauen, die heute Abend nicht hier sind, weil sie das Geschirr spülen und die Kinder ins Bett bringen. Aber sie lebt; denn große Dichter sterben nicht; sie sind dauerhaft gegenwärtig; sie müssen nur die Gelegenheit bekommen, in Fleisch und Blut unter uns zu wandeln. Es wird demnächst in Ihrer Macht stehen, denke ich, ihr diese Gelegenheit zu geben. Denn ich bin überzeugt, dass wir, wenn wir noch etwa ein Jahrhundert leben – ich rede vom Leben allgemein, das das wahre Leben ist, nicht von den kleinen einzelnen Leben, die wir als Individuen haben – und jede von uns fünfhundert im Jahr und ein Zimmer für sich hat, wenn die Freiheit uns zur Gewohnheit geworden ist und wir den Mut haben, genau das zu schreiben, was wir denken, wenn wir dem gemeinsamen Wohnzimmer ein wenig entfliehen und die Menschen nicht immer in ihrer Beziehung zueinander, sondern in Beziehung zur Wirklichkeit sehen und den Himmel und die Bäume, oder worum es sich auch handelt, als solche; wenn wir an Miltons Schreckgestalt vorbeischauen, denn kein Mensch sollte die Sicht verstellen; wenn wir der Tatsache ins Auge sehen, denn es handelt sich um eine

Tatsache, dass es keinen Arm gibt, der uns stützt, sondern wir allein unterwegs sind und unsere Beziehung die Beziehung zur wirklichen Welt ist und nicht nur zur Welt der Männer und Frauen, dann wird die Gelegenheit kommen, und die tote Dichterin, die Shakespeares Schwester war, wird ihren Körper anlegen, den sie so oft abgelegt hat. Ihr Leben aus dem Leben der Unbekannten schöpfend, die ihre Vorgängerinnen waren, so, wie es ihr Bruder vor ihr getan hat, wird sie geboren werden. Denn ohne diese Vorbereitung, ohne diese Anstrengung unsererseits, ohne die Entschlossenheit, dass sie nach ihrer Wiedergeburt die Möglichkeit haben soll, zu leben und ihre Gedichte zu schreiben, können wir ihr Kommen nicht erwarten, denn das wäre unmöglich. Aber ich bleibe dabei, dass sie kommen wird, wenn wir für sie arbeiten, und dass diese Arbeit, auch in Armut und im Verborgenen, der Mühe wert ist.

Anhang

Anmerkungen

Kapitel 1

1 Fanny Burney (1752–1840) war berühmt für ihre Gesellschaftsromane. Über Jane Austen (1775–1817), Charlotte Brontë (1816–1855), Emily Brontë (1818–1848) und George Eliot (1818–1880) und die großen Romane dieser Autorinnen hat Woolf wiederholt geschrieben. Die Brontë-Schwestern wuchsen im Pfarrhaus von Haworth in Yorkshire auf. Zu Charlotte Brontë schrieb die mit ihr befreundete Romanautorin Elizabeth Cleghorn Gaskell (1810–1865) die erste Biografie. Mary Russell Mitford (1787–1855) war eine zu ihrer Zeit geschätzte Autorin. Sie korrespondierte außerdem mit den Berühmtheiten ihrer Zeit.

2 Der Essayist Charles Lamb (1775–1834) schrieb u.a. den Essay »Oxford in the Vacation«, der 1820 im *London Magazine* erschien. In einer Fußnote ist die Rede von seiner Ernüchterung über diesen Essay. Der Romancier William Makepeace Thackeray (1811–1863) hat Lamb wohl nicht mehr gekannt. Max Beerbohm (1872–1956), Essayist, Kritiker, Karikaturist, schrieb einen atmosphärischen Roman über Oxford um 1890.

3 Gemeint ist die berühmte Straße in London, im Volksmund auch The Strand genannt.

4 Auszüge aus Alfred Lord Tennysons (1809–1892) Monodram-Gedicht »Maud« und Christina Rossettis (1830–1894) berühmtestem Gedicht »A Birthday« (Übersetzung: Heidi Zerning und Levin Ludwig Schücking).

5 Jane Harrison (1850–1928), Kulturanthropologin und Altphilologin, schrieb über frühgriechische Religion, besonders in weiblicher Hinsicht, und machte Freud und die Psychoanalyse in England bekannt. Woolf verehrte sie. Sie war im April 1928 gestorben.

6 John Stuart Mill (1807–1873), Philosoph, Wirtschaftswissenschaftler und Autor des 1869 erschienenen Buches *The Subjection of Women*, war ein früher Feminist.

Kapitel 2

1 Samuel Butler (1835–1902) war ein Schriftsteller, Komponist, Philosoph und Maler mit freizügigen Ansichten zu Religion, Moral und Sexualität. Auf Deutsch sind von ihm erschienen *Ergindwon oder jenseits der Berge* und *Der Weg allen Fleisches*.

Zitate aus Alexander Popes (1688–1744) *Moral Essays: »Epistle II: To a Lady«* und Jean de la Bruyères (1645–1696): *Les Caractères:* »Des femmes«.

2 Das Kürzel Z steht für den Kritiker und Freund Desmond MacCarthy (1877–1952). In Woolfs Tagebucheintrag vom 10.09.1928 heißt es: »Es amüsierte mich, dass Rebecca West Desmond augenblicklich auf die Palme bringt, wenn sie sagt ›Männer sind Snobs‹; also zahlte ich es ihm heim wegen des herablassenden Satzes zum Thema weibliche Schriftsteller und deren ›Grenzen‹ in *Life & Letters.*« MacCarthy war dort der Meinung, »dass weibliche Romanciers Exzellenz nur anstreben sollten, indem sie mutig die Grenzen ihres Geschlechts anerkennen«. Rebecca West (1892–1983) schrieb Romane, Kritiken und Essays und war eine engagierte Feministin und Sozialreformerin.

Kapitel 3

1 George Macaulay Trevelyan (1876–1962) lehrte damals in Cambridge Geschichte. VW zitiert aus seiner *History of England*.

2 Im elisabethanischen England war es Frauen verboten, als Schauspielerin aufzutreten.

3 Nicholas Greene ist der saufende, genialische Dichter aus Woolfs Roman *Orlando*.

4 Currer Bell war das Pseudonym von Charlotte Brontë. George Eliot hieß eigentlich Mary Ann Evans, und George Sand war das Pseudonym von Amandine Dupin.

5 Perikles wendet sich am Ende seiner »Rede an die Gefallenen« den Frauen zu: »Euer höchster Ruhm wird sein, echter Weiblichkeit nichts zu vergeben, und diejenige wird für die Beste gelten, von der in Lob und Tadel unter Männern am wenigsten die Rede ist.« (Thukydides, *Geschichte des Peloponnesischen Krieges*, 2. Buch, Kapitel 45.)

6 »Dieser Hund gehört mir, sagten diese armen Kinder«, heißt es in Blaise Pascals (1623–1662) *Pensées*, Nr. 295, »das ist mein Platz an der Sonne. – Damit habt ihr Beginn und Urbild der widerrechtlichen Besitzergreifung der ganzen Erde.«

7 Benjamin Jonson (1572–1637), Dichter und Dramatiker, überlieferte diese Äußerung von Shakespeares Schauspielkollegen, war aber selbst der Meinung, Shakespeare hätte viele Zeilen streichen sollen.

8 Aus dem Gedicht »Resolution and Indepence« von William Wordsworth (1770–1850).

9 In der Londoner Harley Street befinden sich die teuersten Arztpraxen, wo auch Dr. Bradshaw, Arzt für Reiche, in *Mrs. Dalloway* praktiziert.

10 Oscar Browning (1837–1923), Historiker in Cambridge, war wegen eines vermeintlich homosexuellen Verhältnisses vom Eton-College gefeuert worden. Sein Neffe H. E. Wortham veröffentlichte 1927 eine Biografie seines Onkels, der Woolf diese Begebenheit entnahm.

11 Germaine Tailleferre (1892–1983) komponierte Opern, Orchester-, Kammer- und Klaviermusik und gehörte zu dem Kreis um Arthur Honegger und Francis Poulenc. Bekannt waren damals bereits ihr Konzert für zwei Klaviere von 1924 und das Concertino für Harfe und Orchester von 1926.

12 Keats ließ folgende Worte auf seinen Grabstein setzen: »Here lies one whose name was writ in water.«

Kapitel 4

1 Anne Finch, Countess of Winchilsea (1660–1720), beeinflusste mit ihren Gedichten ihre Freunde Alexander Pope, Jonathan Swift und John Gay. 1928 erschien eine Neuausgabe ihrer Ge-

dichte. Die ersten drei Zitate stammen aus »The Introduction«, die folgenden vier aus ihrem berühmtesten Gedicht »The Spleen«. (Übersetzung: Heidi Zerning)

2 Pope schrieb in »An Essay on Man« von 1733 die Zeile »Die of a rose in aromatic pain«, in der Anne Finchs Zeile »We faint beneath the aromatic pain« nachhallt.

3 Der Stückeschreiber und Dichter John Gay (1685–1732) beschreibt in seinem satirischen Gedicht »Trivia« einen Spaziergang durch London.

4 Margaret Cavendish, Duchess of Newcastle (1623–1673), exzentrische Dichterin mit einem Interesse an den Naturwissenschaften, beschäftigte Woolf auch in ihrem Essay »Die Herzogin von Newcastle«.

5 Dorothy Osborne (1627–1695) schrieb lebendige, kluge Briefe über ihre Zeit und die Beziehung der Geschlechter, vor allem an ihren Gatten Sir William Temple, der u.a. Sekretär des jungen Swift war. Woolf hatte die 1928 erschienene Neuausgabe ihrer Briefe rezensiert. (Übersetzung: Heidi Zerning)

6 Aphra Behn (1640–1689) war die erste Berufsschriftstellerin. Sie schrieb Theaterstücke, Romane und Lyrik und arbeitete außerdem als Spionin für Charles II. Vita Sackville-West veröffentlichte 1927 eine Biografie über sie.

7 Elizabeth Carter (1717–1806), Übersetzerin von Epiktet und Dichterin, gehörte zu jenen Frauen, die in den 1750er Jahren Salons unterhielten, zu denen sie gebildete Männer einluden, um Fragen der Literatur, Philosophie, Kunst und Wissenschaft zu diskutieren. Ein Mitglied dieser Runden trug regelmäßig blaue Kammgarnstrümpfe, worauf die Bezeichnung »Blaustrümpfe« für intellektuelle Frauen, später auch für die Suffragetten zurückgeht.

8 Der Lyriker Algernon Charles Swinburne (1837–1909) bezeichnete die griechische Dichterin Sappho als »supreme head of song«.

9 Charlotte Brontë: *Jane Eyre*, Manesse Verlag, München 2016; Übersetzung: Andrea Ott.

10 Woolf hat aus diesem Zitat ihres Freundes Desmond MacCarthy die Stelle entfernt, in der es um sie geht. Der Satz beginnt so: »Jane Austen und, in unserer Zeit, Mrs Virginia Woolf, haben gezeigt …« In ihrem Tagebuch notierte Woolf, dass sie MacCarthy

auf seinen herablassenden Satz hingewiesen habe, und fügte, fast entschuldigend, hinzu: »Aber darin lag keine Bitterkeit.«

Kapitel 5

1 1928 veröffentlichte Marie Stopes, die sich neben dem Schreiben gesellschaftlich engagierte und als Vorkämpferin der Geburtenkontrolle gilt, unter dem Pseudonym Marie Carmichael einen Roman mit dem Titel *Love's Creation*.

2 Sir Chartres Biron war der oberste Richter im Verfahren gegen Radclyffe Hall (1886–1943), die wegen angeblicher Obszönitäten in ihrem Roman *The Well of Loneliness* angeklagt war, in dem es um lesbische Liebe geht. Das Verfahren fand statt, als Woolf die diesem Essay zugrunde liegenden Vorträge an zwei Frauencolleges in Cambridge hielt.

3 *Diana of the Crossways* ist ein Roman von George Meredith (1828–1909), der als erster englischer Roman über die »moderne Frau« gilt.

4 Im ursprünglichen Manuskript zu diesem Essay gibt es einen in der Endfassung gestrichenen Absatz, in dem Woolf direkt auf den Gerichtsprozess gegen Radclyffe Hall anspielt. Zusammen mit ihrem Mann und anderen trat sie öffentlich im Namen der Kunstfreiheit und aus Zorn auf die ausschließlich männlich besetzten Gerichte für *The Well of Loneliness* ein, obwohl sie den Roman nicht besonders mochte. Die Stelle in der frühen Fassung des Manuskripts lautet:

»›Chloe mochte Olivia: sie teilten sich ein …‹ – diese Worte standen als letzte auf der Seite, die Seiten klebten aneinander; und während ich herumfummelte, um sie zu lösen, blitzte der unvermeidliche Polizist im Geiste auf; die Vorladung; die Anordnung, vor Gericht zu erscheinen; das eintönige Warten; der Richter, der mit einer leichten Verbeugung hereinkommt; das Glas Wasser; der Staatsanwalt, der Strafverteidiger; das Urteil; dieses Buch ist obszön; & aufschießende Flammen, vielleicht auf Tower Hill, die Unmengen von Papier vernichten. Da lösten sich die Seiten voneinander. Dem Himmel sei Dank! Es war nur ein Labor. Chloe und Olivia. Sie waren damit beschäftigt, Leber zu pürieren, was offenbar ein Heilmittel gegen bösartige Blutarmut ist.«

5 Jährlich erscheinende Nachschlagewerke zur englischen Aristokratie.

6 Hicks war der damalige Innenminister, der in letzter Instanz für das Verbot von *The Well of Loneliness* zuständig war.

7 Hester Lynch Thrale (1741–1821) war eine walisische Autorin und Kunstmäzenin. Ihre Tagebücher und Briefe sind eine wichtige Quelle für den mit ihr befreundeten Dichter, Dramatiker und Essayisten Samuel Johnson (1709–1784). Nach unglücklicher Ehe mit einem Geschäftsmann, der sie in seinem Herrenhaus mehr oder weniger einsperrte, heiratete sie nach dessen Tod den italienischen Musiklehrer Gabriel Piozzi.

Kapitel 6

1 Anne Jemima Clough (1820–1892) setzte sich engagiert dafür ein, dass Frauen die Universität besuchen durften, und war Rektorin von Newnham College in Cambridge. Emily Davies (1830–1921) war ebenfalls eine Vorkämpferin für Bildung und Wahlrecht von Frauen und lehrte am Girton College in Cambridge.

2 Jolyon Forsyte, Familienoberhaupt aus der Forsyte-Saga von John Galsworthy (1867–1933).

3 Commander of the Bath ist der zweithöchste Verdienstorden in Großbritannien.

4 Eine erneute Anspielung auf das Gerichtsverfahren gegen Radclyffe Hall; Sir Archibald Bodkin war der Vorsitzende der Staatsanwaltschaft.

Woolfs Erbe

Ein Nachwort von Antje Rávik Strubel

Eine junge Frau im roten Kleid und mit Pilotensonnenbrille am sommerlichen Gewässer. Sie möchte ein Foto von sich, doch bevor ihr Begleiter auslöst, ruft sie: »Moment! Bitte mach ein Bild ohne deinen Schatten auf mir.« Diese Szene ereignet sich am Hafen von Born. Auf der Bank neben mir sitzen drei ältere Männer. Wir schauen gemeinsam zum Bodden. Der Mittlere beschwert sich seit einer Weile über deutsche Universitäten, die mit einer Genderideologie durchtränkt seien. »Eine übereifrige Sprachpolizei«, erbost er sich, »will statt der Bezeichnung Professorin oder Professor lieber ein X ans Ende des Wortes setzen. Absurd!«

Es ist der Sommer 2019. Eine Zeit, in der Frauenfeindlichkeit wieder en vogue zu sein scheint. In der sich eine in rechten und rechtskonservativen Mustern geformte »totale Männlichkeit« aggressiver äußert und in Europa nationalistische Mauern errichten will. Zugleich ist es die Zeit eines global erstarkenden Feminismus. Eine Zeit, in der der Feminismus die weltweit stärkste ungehorsame Kraft zu sein scheint und taffe, angstfreie junge Frauen die neuen Idole sind, die keine

Lust mehr auf die Welt der *Mad Men* haben. Es ist der Sommer nach *#metoo*. Ich staune über die Männer neben mir auf der Bank. Ihnen scheint nicht der Gedanke zu kommen, dass Genderideologie keine neue Erfindung ist. Gesellschaften sind davon durchdrungen. Es gibt keine Gesellschaft ohne Geschlecht und entsprechende Hierarchien des Entweder-Oder, des Ein- und Ausschließens, so wenig wie es die Menschen, die diese Gesellschaften sind, oder die Sprache, die sie sprechen, ohne geschlechtliche Zuschreibungen gibt. Gesellschaft, Körper und Sprache sind fabriziert. Und doch scheinen diese offenbar gebildeten Männer zu glauben, es hätte, als die männliche Berufsbezeichnung die dominierende war, eine irgendwie neutrale oder natürliche geschlechtsfreie, quasi vegetative, wie Algen am Boddengrund gewachsene Sprache gegeben, die erst jetzt von ein paar besserwisserischen, politisch korrekten Freaks verstümmelt werden soll. Sie schauen wie ich zum Wasser und sehen doch nur ihre eigene Spiegelung.

Aber, denke ich, als die Frau im roten Kleid einen beschwingten Schritt in ihr Foto hineinmacht, auf dem sie ohne den Schatten des Mannes zu sehen sein wird: Wenn das Ich so monumental und ungebrochen vor der Welt steht, dass die Welt und ihre Vielfalt nicht mehr zu sehen sind, sitzt man leicht einer Verwechslung auf und hält dieses Ich für ihren natürlichen Ausdruck.

Das X führt keine Ideologie in eine scheinbar paradiesische Zone ein, sondern steht für einen Systemwechsel. Die fabrizierte Ordnung eines alle dominierenden Geschlechts hat sich verbraucht. Zweitausend

Jahre haben sie ausgelaugt. Das ist es, was die Männer auf der Bank erbost. Die Veränderung bringt sie aus der Fassung. »Frauen haben in all diesen Jahrhunderten als Spiegel gedient, ausgestattet mit der magischen und köstlichen Kraft, die Gestalt des Mannes doppelt so groß wiederzugeben. Ohne diese Kraft wäre die Erde sicher noch Sumpf und Dschungel«, bemerkte Virginia Woolf. »Das Abbild im Spiegel ist von höchster Wichtigkeit, weil es die Lebenskraft auflädt, es stimuliert das Nervensystem. Nimm es weg, und der Mann könnte sterben, wie der Drogensüchtige, dem das Kokain entzogen wird.«

Der Sommer 2019 ist der Sommer, in dem Virginia Woolfs polemischer, radikaler Essay seit neunzig Jahren in der Welt ist. Sie veröffentlichte ihn 1929 auf der Grundlage zweier Vorträge, die sie zuvor an der Universität Cambridge vor Studentinnen gehalten hatte; am Girton und am Newnham College, deren Namen sie im Essay zu dem fiktiven Fernham verschmilzt. Während Deutschland die Jubiläen großer Männer feiert, Fontane, mal wieder Humboldt, begehe ich einen großen Virginia-Woolf-Sommer. Zunächst zögerte ich, als mir die Übersetzung angetragen wurde. Zu große Ehrfurcht vor dieser visionären, sprachgewaltigen Schriftstellerin, die Jahrhundertwerke wie *Zum Leuchtturm*, *Die Wellen* oder *Mrs Dalloway* geschaffen hatte, mangelndes Hintergrundwissen – die Literatur im England des ausgehenden 19. und beginnenden 20. Jahrhunderts hatte ich im Studium nur gestreift – erschienen mir nicht als die besten Voraussetzungen zum Übersetzen.

»Mit etwas Zeit und etwas Bücherwissen im Kopf«, befindet Virginia Woolf, »sollten Sie auf jeden Fall zu einer weiteren Etappe Ihrer sehr langen, sehr mühevollen und höchst undurchsichtigen Laufbahn aufbrechen.« Das war nicht nur eine für sie so typische Zuspitzung, das war eine Einladung! Und eine Einladung Virginia Woolfs schlägt man nicht aus. Zumal ich längst von der Zwanglosigkeit und Offenheit ihres Essays ergriffen war, von dieser Unbeirrtheit des Denkens, der Gegenwärtigkeit und Genauigkeit ihrer Analyse, der Zeitlosigkeit, Dynamik und Verspieltheit ihrer Sprache und einer Eleganz des Stils, die die bisherigen deutschen Übersetzungen, so korrekt sie sind, nur bedingt wiedergeben. *Das* war es, was mich antrieb. Das treibt mich immer zum Übersetzen, der Klang einer fremden literarischen Gangart, der in meiner Sprache Widerhall findet, sie zugleich mitschwingen lässt und verändert, und der Wunsch, dieser Gangart im Deutschen so nah zu kommen, dass die Besonderheit des Klangs erfahrbar wird:

Woolfs erfahrungs- und wissensgesättigter Witz riss mich hinein in den Strom ihrer Gedanken, und der Strom ist es, der dem Essay seine unverwechselbare Form gibt. Als Metapher angelt Woolf ihn aus dem Konkreten: Der Fluss, an dem sie sinnend sitzt, veranschaulicht ihre assoziative Denkbewegung, und später lässt sie den Gedankenstrom wieder zurückgleiten wie den imaginären Fisch ins Konkrete, in den Verkehrsfluss, in dem das Taxi Mann und Frau davonträgt als Veranschaulichung des androgynen Geistes der Schriftstellerin. So spielend gewinnt sie aus dem Gegenstand Gedanken und führt sie zurück zum Gegenstand.

Ihr Vortrag, warnt sie ihre Zuhörerinnen gleich zu Beginn, lasse »das große Problem der wahren Natur der Frau und der wahren Natur der Literatur ungelöst. Ich habe mich vor der Aufgabe, in diesen beiden Fragen zu einem Schluss zu kommen, gedrückt – Frauen und Literatur bleiben, was mich betrifft, ungelöste Probleme.«

Das ist mehr als die rhetorische Replik der Essayistin, zunächst das eigene Scheitern zu thematisieren, um dann frei von der Last der Gelingenserwartung in einen umso gewagteren Denkversuch zu starten. Schon hier blitzt das feine, funkelnde Lächeln auf, das über dem gesamten Vortrag liegt. Ist das Problem der wahren Natur der Frau vielleicht gar nicht ihres? Als »Kinkerlitzchen«, beschrieb Woolf einmal ihren eigenen Text, der neben *Drei Guineen*, dem pazifistisch-feministischen Großessay von 1939, zu den politischsten Äußerungen einer Schriftstellerin zählt, die alles Politische rigoros aus dem literarischen Erzählen und der ästhetischen Vision herausgehalten wissen wollte. Ihrem glänzenden Understatement fügt sie hinzu: »Aber ich schrieb es mit Leidenschaft und Überzeugung.«

Mit Leidenschaft und Überzeugung geschriebene Kinkerlitzchen stellen, wenn schon keinen Widerspruch, so doch eine Ambivalenz dar, die Selbstironie und Selbstreflexion Raum bietet: Virginia Woolf war sich bewusst, dass ihre mutigen Thesen auf eine Öffentlichkeit trafen, die noch allzu geschult darin war, Frauen als

Eigentum des Mannes zu betrachten und schreibende Frauen als Gegenstand von Hohn und Spott. Erst seit 1882 durften Frauen in England Eigentum besitzen, seit 1918 einen Beruf ausüben und seit 1919 wählen. Trotz ihres literarischen Ansehens hatte Woolf allen Grund zur Befürchtung, »als Feministin angegriffen und als Sapphistin hingestellt« oder nicht ernst genommen zu werden, und spielt die Wichtigkeit des Vortrags im Allgemeinen herunter, indem sie seine persönliche Bedeutung betont.

Persönlich bedeutsam war dieser Text in mehr als einer Hinsicht: 1928, als Woolf ihre Vorträge in Cambridge hielt, hatte sie im September eine Woche allein mit der Dichterin, Journalistin und Romanautorin Vita Sackville-West in Frankreich verbracht. Die intensive Beziehung, die Entdeckung von Leidenschaft und sexuellem Begehren für Sackville-West mögen Woolfs Blick geschärft haben und befeuerten ihren großen Roman *Orlando*, der im Oktober desselben Jahres erschien und von Vita Sackville-Wests Sohn nicht von ungefähr als »längster Liebesbrief der Literaturgeschichte« bezeichnet wurde. Darin verkörpert Orlando, junger Edelmann des 16. Jahrhunderts, der nach einer Zeiten-, Welten- und Geschlechterreise als junge Frau im Jahre 1928 ankommt und Schriftstellerin wird, genau jenes androgyne Wesen, das Woolf vor den Studentinnen der Colleges zur Voraussetzung literarischen Schaffens erklärte.

Bei einer Schriftstellerin, deren Flussbett des Denkens derart mehrdeutig und anspielungsreich mit Ironie geflutet ist, geht das Herunterspielen der Wichtigkeit dessen, was sie zu sagen hat, locker über eine bloße Vorsichtsmaßnahme hinaus. Es ist auch ein Spiel mit dem »Buchstaben *I*«, diesem Ego, dessen kompakter Schatten so groß über den Buchseiten bestimmter männlicher Schriftsteller liegt, dass nichts anderes mehr sichtbar ist. Woolfs erzählendes Ich ist ungesichert, fragmentiert, vielfältig, widersprüchlich, Ausdruck eines Bewusstseins, dessen Stabilität und Einheitlichkeit sie in ihren Romanen immer wieder hinterfragte, an der Spitze einer literarischen Moderne stehend, an die nur James Joyce oder Gertrude Stein ihr folgen konnten. »Nennen Sie mich, wie immer es Ihnen gefällt … das ist nicht von Bedeutung.«

Mit dem ihr eigenen, funkelnden Witz gibt sie ihrer Ich-Erzählerin allerdings zugleich die Namen der Gefährtinnen Maria Stuarts, wie sie in der Ballade »Ballad of the Four Marys« stehen: »Mary Beton, Mary Seton, Mary Carmichael«, gesungen von Mary Hamilton am Vorabend ihrer Hinrichtung …

Die öffentliche Hinrichtung nach der Veröffentlichung blieb aus. Auch dank des unterhaltsamen Stils fanden ihre hellsichtigen Argumente schnell großen Anklang und galten bald als das Wichtigste, was im 20. Jahrhundert zum Thema Frauen und Literatur geschrieben wurde.

Erst zehn Jahre später, mit dem Erscheinen von *Drei Guineen*, sollte sich Woolfs Befürchtung bewahrheiten, für ihre politischen Aussagen im übertragenen Sinne geköpft zu werden. Als sie nach dem Machtantritt Hitlers visionär den Zusammenhang zwischen dominanter Männlichkeit und Krieg untersuchte, wandten sich sogar Freunde von ihr ab, so radikal war sie da ihrer Zeit im Denken voraus.

In *Ein Zimmer für sich allein* scheint sie uns zu vermitteln: Zu einem Problem wird »die wahre Natur der Frau« erst in den Augen »großer Männer«. Als Woolf in der Bibliothek des British Museum ein Buch nach dem anderen aufschlägt, überbieten und widersprechen sich die abenteuerlichsten Vorstellungen imaginierter Weiblichkeit. Die Frau als ungelöstes Problem hatte nicht zuletzt Sigmund Freud propagiert, der Femininität als »mysteriöses Gebiet« betrachtete, während Maskulinität sich für ihn ganz wie von selbst erklärte. Woolf hatte seit Beginn der 1920er-Jahre Zugang zu Freuds Theorien, zunächst vermittelt durch die Gespräche im Bloomsbury-Kreis mit befreundeten Intellektuellen und Künstler*innen und die Veröffentlichung seiner Schriften in der Hogarth Press. 1939 begegnete sie Freud zusammen mit ihrem Mann Leonard in Wien persönlich. Ihre Haltung blieb kritisch. Das mag auch damit zu tun haben, dass Freud die künstlerische Fähigkeit aus der persönlichen Geschichte der Autorin generierte, was zurückführt zu jenem Geschlechtsbewusstein, dessen Abwesenheit Woolf ja gerade für unabdingbar hält, um im Schreiben wahrhaftig sein, über »die Dinge an sich« schreiben zu können.

Geschlechtsbewusstsein bindet die Frau an ihre historisch-biografische Position der Machtlosen, der Außenseiterin, was Widerstand und Zorn auslöst, und zornig schreibt es sich so schlecht wie hungrig. Armut und Zorn, befindet Woolf, störe die Integrität und Klarheit eines Werkes, unabhängig davon, ob es sich um den Zorn der Männer handelt, ihre eingebildete Überlegenheit zu verlieren, oder um einen Zorn, wie Woolf ihn an sich selbst bei den Zurückweisungen in »Oxbridge« und der frauenverachtenden Lektüre der von ihr so bezeichneten »Maskulinisten« beobachtet. Sie kommt zu dem Schluss: »Es ist für alle, die schreiben, tödlich, an ihr Geschlecht zu denken.«

Heute lese ich das so: Es ist für alle, die leben, tödlich, an ihr Geschlecht zu denken. Es stört die Integrität und Klarheit des Lebens. Das bedeutet nicht, Woolfs Text überzustrapazieren. Ähnlich wie beim Übersetzen, bei dem ein zeitloses Original in der anderen Sprache immer wieder aktualisiert wird, wird hier ein im Text verborgenes Körnchen Wahrheit, wie es Woolf nicht zu finden vorgibt, von der Zeit herausgesiebt. Schon 1929 trifft Woolf die erstaunliche Aussage, dass »angesichts der Weite und Vielfalt der Welt zwei Geschlechter ziemlich unzureichend« sind. Wenn aber eine Vielzahl der Geschlechter jenes zweigeschlechtliche Modell ersetzt, bei dem sich zwischen den beiden, einander ausschließenden Geschlechtern ja nicht einmal wählen lässt, bedeutet das letztlich die Auflösung der Kategorie Geschlecht. Sie wird zur Nebensache, zum Kinkerlitzchen. Den Begriff des Fluiden konnte Woolf noch nicht kennen. Aber sie ahnte über das dem Reichtum der Welt Angemessene hinaus, dass Vervielfachung auch Enthierarchisierung bedeutet, Machtentzug der einen Gruppe über die andere und Geschlecht etwas sein könnte, das nicht mehr und nicht weniger Bedeutung hat als die Farbe unserer Augen.

Aus heutiger Sicht ist leicht einzusehen, dass es *die* Frau ebenso wenig gibt wie *die* Literatur. Längst sprechen wir von Literaturen und haben gelernt, verschiedenste Formen von Weiblichkeit bis hin zur weiblichen Männlichkeit wahrzunehmen, also Männlichkeit, die sich an biologisch weiblichen Körpern äußert. Längst verstehen wir Geschlecht, wie das meiste in einer Gesellschaft, als Verabredung, als veränderbare Lesarten darüber, wie ein Körper zu einer Form kommt. Und doch werden umso hartnäckiger die alten Bastionen verteidigt und Vorstellungen wieder festergezurrt, die davon handeln, wie Frauen und Männer von Natur aus – algengleich – sind. Als mich meine vierjährige Nichte darauf hinwies, dass ich lange Haare bräuchte, weil nur Jungs so kurze Haare hätten, wurde mir einmal mehr bewusst, wie wenig sich die Gegenwart von Woolfs Essay entfernt hat. Natürlich möchte ich gern etwas anderes glauben bei einem Abstand von neunzig Jahren, in einem eigenen Zimmer, einem biologisch weiblichen und männlich werdenden Körper über queere Beziehungen schreibend, ohne mich dafür wie Radclyffe Hall 1928 wegen Anstößigkeit vor Gericht verantworten zu müssen, universitär gebildet und mithilfe meines Verstandes annähernd die 500 Pfund verdienend, die heute etwa 30000 Euro entsprechen, wobei ich damit laut der jüngsten Statistik der Künstlersozialkasse immer noch weit unter dem Durchschnittsverdienst meiner männlichen Kollegen liege.

Aber die »wahre Natur« wird weiterhin gern bemüht, sobald es um die Sicherung von Machtpositionen geht (die Männer auf der Bank am Bodden waren immer schon Professor, ergo ist das von Natur aus so), und Vierjährigen bereiten die kleinsten Abweichungen von der propagierten Natur der zwei Geschlechter Probleme, weil sich der Rosa-Blau-Graben zusehends wieder vertieft. Und wenn Woolf – lange vor den Postcolonial-Studies und fast in einer Nebenbemerkung – den Drang zur Inbesitznahme seitens eines »Alf, Bert und Chas« aufs Korn nimmt, die bei jeder Wegmarkierung das »unwiderstehliche Verlangen« überkommt, »den Namen hineinzumeißeln«, »Fahnen zu hissen«, ist sie auf der Höhe heutiger politischer Debatten. Sei es »ein Stück Land«, ein Hund, eine Frau oder »ein Mann mit krausem schwarzem Haar«; dieser anmaßende Rechtsanspruch, Eigentümer eines anderen Geschlechts, einer anderen Kultur oder von Menschen anderer Hautfarbe zu sein, dient nach wie vor zur Sicherung prekärer männlicher Herrschaft. Einmal mehr sollen Frauen als Soldatenproduzenten der Kontrolle des Mannes unterstellt werden, wie die neuerlichen Anstrengungen gegen Abtreibung und Empfängnisverhütung andeuten, die ausgerechnet aus einem Land wie den USA Aufwind erhalten. Eine sich qua Natur im Besitz der Weltweisheit wähnende Haltung, die in ihrer Ignoranz der Welt mehr schadet als nützt, solange sie sich dem Nachdenken über die eigene Subjektposition verweigert, existiert an den Schaltstellen von Wirtschaft, Politik und Medien auch in Deutschland noch immer. Für Woolf, die einmal erklärte: »Als Frau habe ich kein Land – als Frau ist mein Land die ganze Welt«, ist der Überlegenheitswahn einer Nation, eines Geschlechts, einer Kultur über andere Ausdruck einer patriarchalen, kriegstreiberischen Ordnung, in die wir nun, neunzig Jahre später, mit offenen Augen wieder tiefer hineinzuschlittern drohen.

Am Vorabend des Zweiten Weltkrieges mahnte sie in ihrem Essay *Drei Guineen* hellsichtig: »Lassen Sie uns nie aufhören zu denken – was ist diese ›Zivilisation‹, in der wir uns befinden? Was sind das für Zeremonien und warum sollten wir daran teilnehmen?«

Auf der Bank am Bodden bin ich allein zurückgeblieben. Die Männer verschwinden im teuersten Restaurant am Ort. Ich werde mir in meiner Ferienwohnung ein einfaches Abendessen zubereiten, Roggenbrot und Räucherfisch (Woolf hätte das wohl so verabscheut wie die Backpflaume), während im Fernsehen das Finale der Frauenfußballweltmeisterschaft USA gegen Niederlande läuft. Megan Rapinoe schießt den spielentscheidenden Elfmeter. Klarer als in diesen allen verständlichen Bildern des Sports lässt sich kaum verdeutlichen, wie gigantisch sich die Dinge in den letzten neunzig Jahren dann doch verändert haben. Frauen sind nicht nur nicht länger »unfähig, Fußball zu spielen«, wie Virginia Woolf noch vermuten musste. Eine Fußballerin kann mittlerweile neben der Fähigkeit und Stärke, einen Elfmeter zu verwandeln, auch die Fähigkeit und Stärke besitzen, die Form, die Gestalt einer ganzen Gesellschaft zu verwandeln. Diese Verwandlung schlägt sich sprachlich nieder, und zwar nicht, weil ein paar abgehobene Akademiker*innen das beschließen, sondern weil die Menschen, die bisher marginalisiert oder »in völlige Dunkelheit getaucht« waren, ihr Vorhandensein in der Sprache einfordern. Denn immer noch gibt es die »nie festgehaltenen Gesten, diese unausgesprochenen oder nur halb gesprochenen Worte«, die es »einzufangen« gilt.

Ob Rapinoe Woolfs Essay kennt, weiß ich nicht. Aber sie hat wie ich Woolfs Erbe angetreten. Die Ausstrahlung und enorme Bedeutung eines Textes zeigen sich ja nicht zuletzt daran, dass er wie selbstverständlich Teil unseres Bewusstseins geworden ist.

Weitere Kampa Bücher stellen wir Ihnen auf den folgenden Seiten vor. Das Gesamtprogramm finden Sie auf:
www.kampaverlag.ch

Wenn Sie zweimal jährlich über unsere Neuerscheinungen informiert werden möchten, schreiben Sie uns bitte an:
newsletter@kampaverlag.ch oder Kampa Verlag,
Hegibachstrasse 2, 8032 Zürich, Schweiz

KAMPA POCKET

Virginia Woolf
Zum Leuchtturm

Roman

Aus dem Englischen von
Karl Lerbs und Cornelia Künne

»Meine Bewunderung für diesen Roman ist grenzenlos.«

Siri Hustvedt

Das Ehepaar Ramsay, ihre acht Kinder und mehrere Hausgäste verbringen den Sommer in ihrem Landhaus auf der schottischen Isle of Skye. James, der Jüngste, wünscht sich nichts sehnlicher, als mit dem Boot zum Leuchtturm hinauszufahren. »Natürlich, wenn es schön wird«, versichert Mrs Ramsay. »Aber es wird nicht schön«, erklärt Mr Ramsay – und macht alle Hoffnung des Sechsjährigen erbarmungslos zunichte. Zehn Jahre und der ganze Erste Weltkrieg vergehen, bis die Fahrt stattfinden kann.

In *Zum Leuchtturm* zeichnet Virginia Woolf auf meisterhafte Weise das innere Erleben von einer Handvoll Figuren an wenigen Tagen in den Jahren 1910 und 1920 nach, erforscht Machtverhältnisse in Familienbeziehungen und zwischen den Geschlechtern und nähert sich ihren eigenen Kindheitserinnerungen.

»Die Tiefgründigkeit, der Reichtum und die Schönheit dieses Romans sind erstaunlich. Es gibt nichts Vergleichbares.«
Meg Wolitzer

KAMPA POCKET

Virginia Woolf
Orlando

Roman
Aus dem Englischen von Karl Lerbs
Mit einem Vorwort von Tilda Swinton

»Vollkommen. Ein Juwel.«
Doris Lessing

Orlando ist jung und schön – und so wird es immer bleiben, beinahe vier Jahrhunderte lang. Elizabeth I. verliebt sich in den Jüngling und ernennt ihn zu ihrem Schatzmeister – aber Orlando hält es nicht lange am englischen Hof, das vornehme Getue geht ihm auf den Geist, außerdem stellt ihm eine Herzogin nach. Es zieht ihn weiter, über seine Zeit hinaus. Zunächst jedoch lässt er sich als Botschafter nach Konstantinopel versetzen und fällt in einen langen, tiefen Schlaf. Als er aufwacht, ist er ein anderer – eine andere ... Und das bringt Probleme mit sich: Orlando verliert all ihren Besitz, all ihre Rechte – und macht sich wieder davon. Im London des 18. Jahrhunderts verkehrt sie, die Dichterin, mit bedeutenden Intellektuellen und genießt die Liebe beider Geschlechter. Ganz anders wird es ihr im viktorianischen Zeitalter mit seinen strikten Moralvorstellungen ergehen.

Ein furioser, überbordender Roman, ein Wunderwerk der Weltliteratur und zugleich ein entscheidender Text der Frauenbewegung, der auf ebenso geistreiche wie komische Weise Geschlechterstereotype hinterfragt.

»Ein unwiederholbarer Glücks- und Einzelfall.«
Wolf Wondratschek

KAMPA POCKET

Susan Hill

Stummes Echo

Roman

Aus dem Englischen von Andrea Stumpf

»Was Erinnerung auslösen kann, wenn sie unterschiedlich wahrgenommen wird. Großartig und fesselnd.«
Hessischer Rundfunk

Auf einem Hügel irgendwo im Norden Englands steht ein Haus, vom Wind umtost: der Beacon. Hier sind May, Frank, Colin und Berenice aufgewachsen. Das Leben auf dem Hof war hart, aber die Geschwister hatten es immer gut miteinander. So war es doch, oder? Nur zwei von ihnen ziehen in die Fremde, nach London. May kehrt schon nach ihrem ersten Studienjahr zurück und kümmert sich fortan um ihre Eltern und den Hof. Nur auf dem Beacon fühlt sie sich sicher und geborgen. Frank aber bleibt in der Großstadt, macht Karriere als Journalist und schaut nicht mehr zurück. Bis zu dem Tag, an dem er beschließt, ein Buch über einen Jungen zu schreiben, dessen Kindheit geprägt war von Leid und Gewalt. Und dieser unglückliche Junge war er selbst? Ein Buch über fragile Familienbande und die Brüchigkeit von Erinnerungen, über die unsichtbaren Verletzungen, die uns das Leben zufügt, und die wundersamen Wege, diese zu überwinden.

»Wundervoll und weise. Ein kleines Meisterwerk.«
Daily Telegraph

KAMPA POCKET

Virginia Woolf

Wie sollte man ein Buch lesen?

Aus dem Englischen von Antje Rávik Strubel

Mit einem Vor- und einem Nachwort von Sheila Heti

»Wenn mit unserer Hilfe Bücher
stärker würden, reicher und vielfältiger,
wäre das ein erreichenswertes Ende.«
Virginia Woolf

Anders als der Titel vermuten lässt, ist der einzige Rat, den Virginia Woolf hier gibt, der, keine Ratschläge zu geben. Ihr Essay über das Lesen ist heute noch so aktuell wie bei seinem Erscheinen vor knapp hundert Jahren. Die Autorin bietet keine Anleitung, sondern lädt dazu ein, das »Chaos« im eigenen Bücherregal, in Bibliotheken und Buchhandlungen neugierig zu erkunden. Wie gelingt es, in dieser Büchermenge nicht zu versinken? Wieso lässt man sich besser keine Lektüre vorschreiben? Und warum sollten Lesende sich zu Komplizen der Schreibenden machen, wenn sie ein Buch zur Hand nehmen? Virginia Woolfs Leser*innen verschlingen Klassiker oder Vergessenes, Lyrik oder Dramen, vor allem aber: Sie lesen eigenständig und widerständig.

Woolfs Essay ist ein leidenschaftliches Plädoyer für die Kraft des geschriebenen und gelesenen Wortes, Vor- und Nachwort von Sheila Heti unterstreichen seine Aktualität.

»Gott, der in seinem Himmel festsitzt, beneidet die
menschlichen Leser*innen – denn während sein Himmel
ein Ort ist, führen Bücher an unzählige Orte.
Den Leser*innen wird es nicht langweilig wie Gott.«
Sheila Heti

KAMPA POCKET

Susan Hill
Stummes Echo

Roman
Aus dem Englischen von Andrea Stumpf

»Was Erinnerung auslösen kann, wenn sie unterschiedlich wahrgenommen wird. Großartig und fesselnd.«
Hessischer Rundfunk

Auf einem Hügel irgendwo im Norden Englands steht ein Haus, vom Wind umtost: der Beacon. Hier sind May, Frank, Colin und Berenice aufgewachsen. Das Leben auf dem Hof war hart, aber die Geschwister hatten es immer gut miteinander. So war es doch, oder? Nur zwei von ihnen ziehen in die Fremde, nach London. May kehrt schon nach ihrem ersten Studienjahr zurück und kümmert sich fortan um ihre Eltern und den Hof. Nur auf dem Beacon fühlt sie sich sicher und geborgen. Frank aber bleibt in der Großstadt, macht Karriere als Journalist und schaut nicht mehr zurück. Bis zu dem Tag, an dem er beschließt, ein Buch über einen Jungen zu schreiben, dessen Kindheit geprägt war von Leid und Gewalt. Und dieser unglückliche Junge war er selbst? Ein Buch über fragile Familienbande und die Brüchigkeit von Erinnerungen, über die unsichtbaren Verletzungen, die uns das Leben zufügt, und die wundersamen Wege, diese zu überwinden.

»Wundervoll und weise. Ein kleines Meisterwerk.«
Daily Telegraph

KAMPA POCKET

Deborah Levy
Heiße Milch

Roman

Aus dem Englischen von Barbara Schaden

Manch eine Mutter-Tochter-Beziehung ist wie ein Quallenbiss: Es brennt und wirkt noch lange nach.

Sofia begleitet ihre Mutter nach Andalusien, wo diese in einer Spezialklinik behandelt werden soll, da die Beine ihr den Dienst versagen. Doch ist das Leiden der Mutter wirklich physischer Natur, oder versucht sie, ihre Tochter an sich zu binden? Dr. Gomez gilt als Koryphäe auf seinem Gebiet. Sofia, deren griechischer Vater die Familie vor Jahren verließ, versucht zu ergründen, woran ihre Mutter erkrankt ist und wo sie selbst steht. Beim Schwimmen im Meer, von Medusen umringt, in Gesprächen mit Dr. Gomez oder dessen Tochter wird ihr allmählich klar, dass sie sich von ihrer Mutter befreien muss. Als sie die Deutsche Ingrid kennenlernt, die selbstbewusst und unkonventionell ihr Leben lebt, trifft Sofia Entscheidungen. Ein Roman über eine allzu enge Mutter-Tochter-Beziehung, über Abhängigkeit und Emanzipation und über die Suche nach Identität.

»Ein Roman voller starker, sinnlicher Bilder und durchsetzt von poetischen Fragezeichen. Vieles von dem, was beschrieben wird, hat eine tagtraumhafte, fast surreale Anmutung und wird nie zur Gänze aufgeschlüsselt. Das ist mitnichten ein Mangel, sondern trägt unmittelbar zum Zauber des Romans bei.«
Carolin Courts / WDR

»Deborah Levys scharfer Blick auf die Welt wird ihre Leser noch sehr lange nicht loslassen.«
Britta Heidemann / WAZ

Wenn Ihnen dieses KAMPA POCKET
gefallen hat, gefällt Ihnen vielleicht auch der
Lesetipp auf der gegenüberliegenden Seite.

Schicken Sie uns bitte Ihren LIEBLINGSSATZ
aus einem Kampa Pocket, bei einer Veröffentlichung auf unseren Social-Media-Kanälen
bedanken wir uns mit einem Buchgeschenk:
lieblingssatz@kampaverlag.ch